전쟁이
말하지
않는

전쟁들

우크라이나 전쟁의 뒷면,
흑백논리로 재단될 수 없는 슬픔과 고통에 관하여

전쟁이
말하지
않는

전쟁들

김민관 지음

갈라파고스

우크라이나어로 쓰인 나의 시들은

그저 절망의 노래일 뿐이다

제국의 폭발음보다 더 크게 들리길 원하는

절망의 노래일 뿐이다

죽음의 노래보다

망자의 침묵보다

산 자의 경직보다

더 크게 들리길 원한다

나의 시가 안전한 세상의 동정심보다

오랜 시간 전쟁을 겪지 않은 평화로운 땅에 살고 있는

이들의 침묵보다

더 커지길 원한다

　　　－올레나 헤라시미우크, 전선에서 쓴 시 중에서

차례

7월

들어가며

약 50일간 우크라이나 전쟁을 취재했다. 전쟁이 막 시작된 2022년 3월과 러시아군의 공격으로 도시 곳곳이 초토화된 그해 7월, 두 차례 우크라이나를 방문했다. 수도 키이우를 비롯해 피란민들이 몰린 후방 도시 체르니우치와 르비우, 러시아의 공격을 심하게 받았던 이르핀, 부차, 모티즌 그리고 접경 국가인 폴란드를 취재했다. 코로나19에 걸려 쓰러졌던 하룻밤을 제외하곤 매일매일을 전력투구했다. 그렇게 25건의 기사를 썼다.

전력을 다해 쓴 기사에는 어느 정도 후련함이 따르기 마련이다. 할 수 있는 모든 걸 다 했기에 마음속에서 털어내 버릴 수 있다. 하지만 우크라이나 전쟁을 취재하며 쓴 모든 기사에는 지금 이 순간까지도 아쉬움, 미련, 답답함 같은 감정이 엉겨 붙어 좀처럼 떨어지지 않는다.

방송 보도 분량은 2분 남짓. 내가 보고 들은 것들을 모두 담아내기에는 너무 짧은 시간이었다. 수백 명의 이웃을 묻은 전직 장의사의 두 손, 모든 가족이 살해된 뒤 홀로 남겨진 딸의 눈동자, 총알 파편이 가득한 놀이터에

9

서 혼자 그네를 타던 아이, 모든 것이 불타 뼈대만 남은 마을⋯ 그곳에서 내가 마주한 좌절과 분노, 슬픔의 크기는 감당할 만한 것이 아니었다. 손에 익은 언론의 문법대로 취재 내용을 자르고 붙여 기사로 만들었지만 이걸로는 충분하지 않다고 생각되는 순간들이 있었다. 보도 내용은 상황을 가장 명징하게 보여줄 수 있는 핵심이라는 판단에 따라 선택된 것이었지만 전쟁이라는 현상의 진실은 오히려 편집되어 잘려 나간 수많은 목소리와 장면 들에 있을지도 모르는 일이었다.

기사에 담아내지 못한 전쟁의 모습을 보다 긴 호흡의 글로 최대한 세밀하게 담아내려 했다. 내가 두 눈으로 보고 두 귀로 듣고도 미처 생각하지 못한 무언가를 누군가는 이 글을 통해 발견하기를 바라는 마음이다. 그리고 무엇보다 내가 제멋대로 잘라버린 사람들의 말을 되살려 전달하고자 했다. 카메라에 녹화된 원영상을 반복 재생하며 그들의 표정과 목소리를 다시 한번 마주했다. 그날의 온도와 바람, 기분까지 생생하게 떠올랐다. 취재 기록과 내 기억을 비교·대조하며 최대한 날것 그대로 그곳의 풍경을 전달하고자 노력했다.

이 책은 취재기라 부르기에는 너무나도 편파적인 글이다. 기자의 기본은 객관성을 유지한 채 현상을 바라보는 것이다. 하지만 전쟁을 취재할수록 감정적 동요는 심해졌다. 무너져 버린 삶의 현장 앞에서 분노는 커져갔고, 그곳에서 만난 이들에 대한 마음은 깊어져 갔다. 기사에서는 최대한 억누르려 했던 감정들이 이 기록에서는 중간중간 터져 나올 수밖에 없었다.

'전쟁에선 그 누구도 관찰자가 될 수 없으며 모두가 참상의 일부일 뿐이다.' 국제의용군 소속으로 7개월간 전쟁에 참가했다는 한 한국인은 내게 이렇게 말했다. 그의 말에 백번 공감한다. 전쟁의 언저리에 머물며 나 역시도 많이 변했다. 이 책에선 그 변화를 구태여 숨기려 하지 않았다. 그런 변화 역시 전쟁의 한 단면을 보여줄 수 있을 거라고 생각했다.

출장을 마치고 돌아오자 많은 사람들이 내게 전쟁이 무엇이냐고 물었다. 고백건대 우크라이나를 가기 전 스스로 전쟁에 대해서 조금은 안다고 자부했다. 2년간 군생활을 했고 3년간 국방부 취재를 해왔기 때문일 것이다. 하지만 현장을 다녀온 뒤로는 도무지 적합한 단어를 찾을 수가 없다. 지금 이 순간에도 전쟁을 떠올리면 수많은 장면들이 머릿속에 뒤엉킨다. 하지만 이것 하나만큼은 확실히 말할 수가 있다. 누구든 전쟁을 경험하면 그 이전의 자신으로는 결코 돌아갈 수 없다는 걸.

3월

제슈프로 가다

철없는 고백이지만 설레는 마음으로 출장을 준비했다. 전쟁 취재는 기자로서 꼭 한번 해보고 싶은 경험이었고, 그 기회가 나에게 찾아왔기 때문이다. 뭐든 처음 경험해 보는 현장이 될 것이었다. 많은 것을 보고 듣고 기록하겠다는 마음으로 짐을 챙겼다.

계획된 일정은 3주. 하지만 그 기간은 얼마든지 달라질 수 있었다. 가장 큰 변수는 우크라이나 출입이 허용되는 시점이었다. 출국 전까지만 해도 우리 정부는 안전상의 이유로 우크라이나 출입을 허용하지 않았다. 취재는 우크라이나와 국경을 맞댄 폴란드에서 이뤄질 수밖에 없었다. 하지만 외신들은 이미 우크라이나 안에서 취재를 진행하고 있었다. 우리 외교부도 머지않아 취재진들에게 우크라이나 진입을 허용할 것으로 보였다. 승인이 떨어지면 언제든지 우크라이나 안으로 들어갈 수 있도록 회사는 방탄조끼와 헬멧을 준비해 주었다.

현장에서 언제 어떤 상황이 벌어질지 가늠할 수 없기에 짐은 최대한 단출하게 꾸렸다. 상의 세 벌, 바지 두 벌, 속옷과 양말, 여분의 신발 그리고 빨랫비누를 챙겼다. 여기에 두꺼운 방탄조끼까지 넣으니 캐리어는 터질 것처럼 부풀어버렸다. 조금 남은 틈 사이로 아내가 밀봉 포장된 장조림과 깻잎장아찌, 김치를 밀어 넣어주었다.

2022년 3월 8일 새벽. 이완근 영상취재기자와 함께 인천공항에 도착했다. 출국 수속을 마친 뒤 고향에 있는 부모님과 통화를 했다. 결혼까지 한 어엿한 성인이지만 부모님 눈에는 여전히 어린 아들인 것 같았다. "절대 무리하지 말고, 위험한 곳은 들어가지 말고, 감기 조심하고, 코로나 안 걸리게 마스크 잘 쓰고 다니고⋯." 수화기 너머 들리는 부모님의 목소리에는 걱정이 가득 묻어 있었다.

전화를 마치고 주변을 둘러봤다. 아직 코로나19가 한창인 때라 공항 터미널은 텅 비어 있었다. 한 마디 한 마디를 뱉을 때마다, 한 걸음 한 걸음을 옮길 때마다 텅 빈 공간에 소리가 울려 퍼졌다. 직원들은 방역복을 입고 공항에서 소독 작업을 하고 있었다. 저 먼 우주로 향하는 정류장에 도착한 듯 이질적인 풍경이었다. 잠시 후에

자정 무렵 도착한 제슈프. 눈을 뜨기 힘들 정도로 강한 눈보라가 쳤다.

탈 비행기가 내가 속했던 세상과는 전혀 다른 곳으로 날 안내할 것만 같았다.

비행기는 폴란드 수도 바르샤바를 거쳐 목적지인 제슈프로 향했다. 폴란드에 내린 폭설 탓에 비행기는 예정된 시간보다 세 시간 늦게 활주로에 착륙했다. 자정이 지난 시간이었다. 공항 문을 열고 나오니 칠흑 같은 어둠 속에서 눈보라가 쏟아지고 있었다. 점퍼 사이로 바람 한 줄기가 파고들었다. 오한이 들 정도로 차가운 바람이었다.

인터뷰 요청이 취조로

시작부터 문제가 발생했다. 숙소 때문이다. 대부분의 취재가 이뤄질 국경 주변에 숙소를 구하려 했지만 모든 방이 만실이었다. 매일 수천 명씩 국경을 넘는 우크라이나 난민들, 전 세계에서 몰려든 취재진과 자원봉사자들로 인해 방 구하기는 하늘의 별 따기였다.

현장에 도착하면 빈방이 나올 것이라 생각했지만 상황은 결코 호락호락하지 않았다. 어쩔 수 없이 처음 도착했던 제슈프에 머물며 취재를 진행하기로 했다. 국경과 차로 한 시간 정도 떨어진 곳이었기에 그리 나쁜 건 아니라고 합리화를 했다.

해외 출장 경험이 많은 선배들은 일단 첫날에는 시차 적응을 하며 컨디션 관리에 집중하라고 말했다. 첫날부터 무리하게 움직이다간 몸이 상해 이후 취재에 지장이 생길 수밖에 없다는 조언이었다. 하지만 마음 한편에서 부담감은 점점 커지고 있었다. 기자들의 언어를 빌리자면, 오기 힘든 현장에 온 만큼 소위 '얘기가 되는' 기사를 써내야만 한다는 부담감이었다.

뒤바뀐 시차 탓에 새벽부터 눈이 번쩍 떠졌다. 숙소 주변을 돌아다니며 제슈프라는 도시에 대해 간단한 조사를 시작했다. 혹시 모를 취재거리가 있는지 찾아보기 위해서였다. 우연히 머물게 된 도시였지만 취재거리가 곳곳에 자리 잡고 있었다. 먼저 제슈프-야시온카공항 근처에는 주폴란드 미군의 주요 전력 중 하나인 제82공수사단이 머물고 있었다. 아프가니스탄 철수 작전에도 투입됐던 정예부대로, 필요시 우크라이나 본토로 진입하게 될 병력이었다. 또한 군수물자를 나르는 폴란드 수송부대도 제슈프 한가운데에 위치해 있었다. 전 세계에서 우크라이나로 공급되는 각종 무기와 구호물자는 대부분 폴란드를 거쳐 들어가고 있었는데, 그 공급망을 관리하는 게 바로 수송부대의 몫이었다. 다시 말해 이곳 제슈프는 이번 전쟁의 주요한 전략적 요충지 중 한 곳인 셈이었다.

폴란드에 도착한 이틀날 아침, 나와 이완근 기자는 제슈프-야시온카공항 옆에 위치한 미군 부대를 방문했다. 미국은 이번 전쟁에서 우크라이나와 러시아 못지않게 커다란 영향력을 행사하는 나라이다.[*] 그런 미국의 최전방 기지라 할 수 있는 주폴란드 미군 부대의 분위기를 두 눈으로 직접 확인하고 싶었다.

부대 근처에 주차를 한 뒤 정문으로 걸어갔다. 경계 근무를 서고 있는 초병에게 한국에서 온 기자라고 밝힌 뒤 이 부대의 책임자와 간단한 인터뷰를 하고 싶다고 했다. 초병은 먼저 나의 기자증과 여권을 확인한 뒤 질문을 넘겨달라고 말했다. 나는 해당 부대의 주둔 목적과 역할 등을 묻고 싶다고 했다. 대부분이 보안 사안이기 때문에 대답을 들을 가능성은 거의 없다고 생각했지만 일단 현장 책임자에게 한마디라도 듣는 게 중요하다고 생각했다.

사실 한국에서 군부대를 취재하려면 최소한 하루 전에는 전화나 메일로 공식 요청을 하고 취재자의 간단한

─────

[*] 　세계적인 국제정치학자 존 미어샤이머 시카고대학교 석좌교수는 우크라이나 전쟁에서 가장 핵심적인 역할을 하는 건 러시아도 우크라이나도 아닌 바로 미국이라고 주장한다. 미국이 동유럽 지역에서의 영향력 유지, 러시아 견제 등을 이유로 우크라이나의 북대서양조약기구NATO 가입을 추진했고, 이것이 전쟁의 주요 원인이 되었다는 설명이다. 논란의 여지는 있지만 미국이 이번 전쟁에서 가장 커다란 영향력을 행사하고 있다는 건 부인할 수 없는 사실이다.(John J. Mearsheimer, "The causes and consequences of the Ukraine Crisis", *The National Interest*, 2022. 6. 23.)

신상 정보를 넘겨줘야 한다. 하지만 이곳에서까지 그런 절차를 모두 지키려다간 취재 진도가 나갈 수 없었다.

초병은 우리에게 잠시 기다리라고 한 뒤 부대 안으로 걸어 들어갔다. 철조망 너머로 커다란 군용차량이 수시로 움직이는 모습이 보였다. 그 사이로 방탄복을 입은 군인들이 소총을 든 채 돌아다니고 있었다. 한국에서 만났던 미군들은 대부분 온화하고 여유로워 보였다. 하지만 이곳의 미군 병사들은 딱딱하게 굳은 얼굴로 주변을 경계하며 오른손으로 총기 손잡이를 꽉 쥐고 있었다. 한국에서와는 정반대의 분위기였다.

한 시간 뒤 건장한 체격의 장교 한 명이 나왔다. 그는 미디어를 담당하고 있다고 간단하게 소개하며 악수를 청했다. 그와 악수를 나누며 통성명을 했다. 한국에서 왔다고 하니 "여기까지 찾아오느라 고생했다"면서 자신의 친한 동료 한 명이 한국에서 근무하고 있다고 말했다.

예상외로 친근한 태도에 인터뷰가 잘 풀릴 수도 있겠다는 착각도 잠시 그는 모든 질문에 "지금은 보안상 해줄 수 있는 말이 없다"는 말만을 되풀이했다. 급기야 도대체 이럴 거면 왜 한 시간이나 기다리라고 했는지 따져 묻고 싶은 기분이었지만 그런 말을 굳이 해서 뭐 하겠는가. 다음번에는 좀 더 자세히 설명해 달라는 말을 하고 폴란드 수송부대가 위치해 있는 제슈프 도심으로 이동했다.

×××

폴란드 수송부대 주변에는 방탄조끼를 입고 총기를 소지한 무장 경찰이 돌아다녔다. 군인들도 곳곳마다 눈에 띄었다. 모두가 진지하고 살짝 긴장된 표정이었다.

조금 망설여지긴 했지만 이번에도 정면돌파 외에 별다른 방법은 없었다. 밑져야 본전이라는 심정으로 부대 정문으로 걸어가 명함을 건네며 한국에서 온 기자라고 말했다. 이곳의 초병은 영어를 거의 한마디도 하지 못했다. 무엇보다 내게 비교적 우호적이었던 미군과는 달리 나의 존재 자체를 상당히 의심스러워하는 듯했다. 기자증과 여권을 달라고 해서 주었더니 사무실로 들고 들어갔다. 그 안에 있던 다른 군인과 심각한 표정으로 이야기를 나누는 게 창문을 통해 보였다. 잠시 후 다른 군인이 사무실에서 나왔다. 초보적인 영어를 구사할 수 있는 사람이었다. 그는 나에게 여기 온 목적을 적으라면서 펜과 종이를 건넸다. 상당히 고압적인 태도였다. 나는 질문지를 요구하는 것이냐고 물었지만 그 이상의 의사소통은 불가능했다. 나 역시도 영어가 유창한 편은 아니기에 생각나는 대로 끄적거린 후 종이를 돌려주었다.

'Press from Korea to cover the role of the Polish Army(폴란드군이 맡은 역할을 취재하기 위해 한국에서 온 취재진).' 아마 이 정도의 문장이었던 것 같다.

군인은 종이를 들고 사무실로 다시 가버렸다. 미군 부대에서와 마찬가지로 우리는 이곳에서도 약 한 시간을 기다렸다. 기약 없는 기다림에 지쳐갈 즈음 사무실에서 또 다른 군인 한 명이 나왔다. 이번에는 영어로 간단한 대화가 가능한 사람이었다. 그는 나의 신상에 대해 캐묻기 시작했다. 말투는 공격적이었고 눈매도 매서웠다. 어느 나라에서 왔는지, 소속된 언론사 이름은 무엇인지, 폴란드에 머무는 기간은 얼마나 되는지, 숙소는 어디인지 등등. 질문이 너무 구체적이라는 생각이 들었지만 일단은 원하는 대로 모두 답을 해줬다. 어느 정도 신상 파악을 끝내자 그는 부대를 방문한 목적에 대해 물었다. 나는 "우크라이나 전쟁을 취재하기 위해 왔다. 폴란드가 우크라이나의 가장 든든한 지원군인 만큼 당신들이 이 전쟁에서 어떤 역할을 하고 있는지 궁금해 부대를 방문했다"고 대답했다. 표정을 봐선 내 말을 제대로 알아들었는지 너무나도 의심이 되는 상황. 그는 잠시 기다리라고 말한 뒤 휴대폰을 꺼내 어딘가로 전화를 걸었다. 폴란드어로 통화를 했기 때문에 어디에다가 어떤 목적으로 말하고 있는지 도무지 알 길이 없었다. 통화를 마친 군인은 우리에게 다시 한번 이곳에서 기다리라는 말을 남기고는 사무실 안으로 들어가 버렸다.

잠시 뒤 부대 앞으로 경찰차 한 대가 사이렌을 울리며 도착했다. 그때까지만 해도 이 차가 설마 우리 때문에 왔을 거라곤 생각도 하지 못했다. 하지만 우람한 덩치의 경찰 두 명이 차에서 내리더니 우리에게 경찰차에 타라고 말했다. 갑작스러운 명령에 당황해 그 자리에 그대로 서 있었다. 내가 제대로 들은 게 맞는지 의심스러웠다. 의심도 잠시 경찰은 정확하게 손가락으로 우리(나와 이완근 기자)와 경찰차를 번갈아 가리켰다. 그래도 무턱대고 차에 탈 수는 없었다. 불필요한 마찰을 피하기 위해 억지웃음을 띠며 무슨 일 때문이냐고 물었다. 그러자 경찰은 일단 여권을 달라고 말했다. 여권을 건네자 쓱 한번 훑어보더니 그대로 여권을 차 안으로 던져넣었다. 순간 오만 가지 생각이 들었다. 뭔가 잘못된 건가. 외교부에 연락을 취해야 할까. 하지만 괜히 버티다 화만 돋우게 될 수 있다는 생각에 우선은 차에 타서 이야기를 하기로 했다.

　다행히 경찰서로 가지는 않았다. 경찰은 부대 옆 갓길에 차를 멈춰 세우고 여권을 펼친 뒤 수첩에 무언가를 받아 적었다. 나와 이완근 기자 모두 영문도 모른 채 멀뚱멀뚱 그 모습을 보고 있을 수밖에 없었다. 한차례 받아 적기를 끝낸 뒤 경찰은 서툰 영어로 질문을 시작했다. 첫 질문은 "유 프롬 사우스 오어 노스(당신은 남쪽에서 왔나 북쪽에서 왔나)"였다. 나는 "사우스, 데모크라시(남한, 민주주의)"라고 대답했다. 그도 나도 영어 실력이 완전치 않은 상황이었고 혹여나 의사소통이 잘못되면 큰일 날 수도 있다는 생각에 힘주어 민주주의 국가라는 걸 강조했다. 경찰은 우리의 고향, 직업 등을 차례로 묻더니 급기야 아버지 이름까지 물었다. 갑자기 아버지 이름을 묻기에 의사소통에 문제가 생긴 것 아닌가 하는 생각이 들었다. 나는 "파더? 마이 패밀리 파더?(아버지? 우리 아버지?)"라고 되물었다. 경찰은 고개를 끄덕이더니 펜과 종이를 건네며 이름을 적으라고 했다.

　경찰은 다음으로 이완근 기자에게도 아버지 이름을 물어봤다. 이완근 기자가 나에게 "아버지가 돌아가셨는데 말해도 됩니까?"라고 물었다. 나는 잠시간 고민을 하다가 경찰에게 그대로 전달했다. "히스 파더… 데

폴란드 경찰차 안에서 갑작스레 당한 취조.

드⋯." 아버지가 돌아가셨다는 말에 경찰차 안에 갑작스레 정적이 흘렀다. 경찰은 멋쩍은 표정으로 우리에게 사과하더니 그래도 아버지 이름을 적으라고 했다.

모든 신상 확인이 끝난 뒤 경찰은 우리에게 "며칠 전 이 지역에서 스파이가 발견됐다"면서 "당신들이 스파이인지 아닌지 확인해야만 했다"고 말했다. 그러고는 여권을 돌려주더니 아무 일도 없었다는 듯 차에서 내리라고 말했다. 우리는 차에서 내리자마자 뒤도 돌아보지 않고 자리를 떴다. 괜히 한 번 더 잡혔다가 골치 아픈 일만 생길 것 같았다. 부대에서 꽤 멀찍이 떨어졌을 때 이 완근 기자가 살짝 말했다. "선배, 일단 몰래 다 찍어뒀 습니다." 갑작스레 취조당하는 그 경황없는 와중에도 그는 혹시 모를 상황에 대비해 모든 상황을 녹화하고 있 었다. 이 정도 정신과 함께라면 앞으로 어떤 일이 있어 도 다 해결해 나갈 수 있으리란 생각이 든 순간이었다. 이번 사건에서 얻은 유일한 위안이었다. 여하튼 폴란드 에서의 첫날, 취재 소득은 없었지만 한 가지는 확실하게 깨달았다. 폴란드도 전쟁에서 결코 자유롭지 못하다는 사실을 말이다.

메디카 국경검문소,
처음 마주한 전쟁의 소리

폴란드에 도착한 지 3일째 되는 날 본격적인 국경 취재
를 시작했다. 여담이지만 이때쯤엔 시차 적응 따위는 포
기해야 한다는 걸 깨달았다. 한국 시간에 맞춰 취재 계
획을 보고하고 기사를 발제하려면 늦어도 새벽 4시부터
는 업무를 시작해야 했다. 사실상 침대에 잠깐 누웠다
일어나는 기분이었다. 때문에 제슈프에서 국경까지 차
를 타고 이동하는 한 시간이 무척이나 고맙게 느껴졌다.
폴란드에 거주하는 한국인 가이드분의 도움을 받아 메
디카 국경검문소까지 이동했다. 차에 타자마자 곯아떨
어졌고 눈을 뜨면 검문소 주차장에 도착해 있었다.

　차 문을 열고 내리자마자 얼음장 같은 바람이 몸속
을 파고들었다. 핸드폰으로 확인한 이곳의 온도는 영상
2도. 그렇게 낮은 온도가 아닌데도 이곳에서 부는 바람
은 한국에서 경험한 겨울바람과는 확실히 달랐다. 설명

하기는 어렵지만 뼛속까지 시리게 만드는, 기분 나쁠 정도로 차가운 바람이었다. 차량 히터를 강하게 틀어도 몸속을 파고든 냉기는 좀처럼 사라지지 않았다. 내가 묵고 있던 숙소의 직원이 해준 말이 사실이었다. 그는 이곳 바람을 한번 맞으면 따듯한 곳에 들어가도 한기가 사라지지 않을 것이라고 경고했다. 겨울에는 온도가 그리 낮지 않은 한낮에도 반드시 목도리를 해 몸 안으로 바람이 들어오는 걸 막아야 한다고 말했다. 체온이 올라가지 않으면 중간중간 보드카 같은 도수 높은 술을 마셔야 감기에 걸리지 않는다는 말도 덧붙였다. 과학적 근거가 있는 설명인지는 모르겠지만 여하튼 몸에서 느껴지는 바람의 한기는 한국에서는 도무지 경험해 본 적이 없는 것이었다.

주차장에서 검문소까지 10분 정도를 걸어가니 우크라이나 피란민들이 하나둘 눈에 띄기 시작했다. 추위를 막기 위해 껴입은 여러 겹의 겉옷, 양손 가득한 짐 그리고 어딘지 모르게 슬픔이 스며 있는 눈동자. 누가 설명을 해주지 않아도 이들이 이제 막 국경을 넘은 피란민이라는 걸 한눈에 알아볼 수 있었다. 피란민들은 여성과 어린아이, 노인뿐이었다. 성인 남성은 징집령이 내려진 탓에 국경을 넘을 수 없었다. 이곳에 있던 피란민들 대부분은 연인 혹은 가족을 포탄이 쏟아지는 고향에 남겨두고 올 수밖에 없었을 것이다. 이 모든 일들이 현재진행형으로 일어나고 있는 중이었다. 내가 그동안 재난 현장에서 만난 이들은 재난이 휩쓸고 지나간 자리에 남겨진 이들이었다. 하지만 이곳 국경지대에서 만난 이들은 끝을 알 수 없는 재난의 시작점에 서 있었다. '도대체 왜 무엇이 어떻게' 벌어지고 있는지조차 제대로 알지 못했다. 거대한 슬픔과 함께 막막함, 혼돈, 두려움, 분노 그리고 한 줄기 희망이 복잡하게 뒤엉킨 채로 매시간 수만 명의 사람들이 국경을 넘는 중이었다. 그 모습을 바라보던 우리는 언제부터인가 모두 멍해져 말을 잃었다.

먼저 정신을 차린 사람은 이완근 기자였다. 그는 스케치부터 하고 올 테니 인터뷰 촬영이 필요하면 불러 달라고 말하고는 피란민 행렬 속으로 들어갔다. 나는 그가 사라진 후에도 한동안 꼼짝할 수가 없었다. 가만히 피란민들의 행렬을 바라보자 여러 가지 소리가 들려왔다. 우선 날카로운 바람 소리가 귓속을 파고들었다. 듣기만 해도 온몸이 저릿저릿해지는 기분이었다. 경찰들이 질서 유지를 위해 외치는 소리, 자원봉사자들이 구호 물품을 나눠주는 소리, 피란민들이 짐을 끄는 소리 그리고 누군가가 흐느껴 우는 소리가 들려왔다. 전쟁 하면 으레 가장 먼저 떠오르는 총소리는 들리지 않았다. 하지만 이 소리들 역시 분명 전쟁의 소리였다.

출국 전 감정에 휘둘리지 않겠다고 수없이 되뇌었다. 기자가 슬픔이나 분노 같은 감정에 휘말려 버리면 기사는 공정함과 객관성을 잃어버릴 수밖에 없기 때문이다. 실제로 기자 교육을 받을 때 선배들이 가장 강조했던 것이 감정의 절제였다.

우크라이나는 우리와 피부색, 언어, 종교 등 많은 것이 다르다. 전쟁이 시작되기 전까지만 해도 우크라이나가 어디에 위치해 있고 어떤 역사를 거쳐왔는지 아는 바가 거의 없었다. 이 같은 거리감이 취재를 할 때 감정 조절을 조금은 수월케 해줄 것이라 생각했다. 전쟁이라는 비극 앞에서 비교적 평정심을 유지하며 현상을 취재할 수 있으리라 생각한 것이다. 하지만 국경을 막 넘어온 어린아이의 눈동자를 마주하자마자 내 감정은 설명할 수 없을 만큼 요동치기 시작했다. 수많은 사람들이 저마다의 비극을 안고 휩쓸려 내려오고 있었다. 어디서부터 어떻게 취재를 해야 할지 도무지 감이 잡히지 않았다.

나는 일단 피란민들의 행렬을 거슬러 국경검문소 앞까지 걸어 올라갔다. 검문소 입구에는 군인들이 경계 근무를 서고 있었다. 그곳에서 다시 발길을 돌려 피란민들을 따라 걸어 내려왔다. 500미터 정도 되는 검문소 앞 길목을 그렇게 세 차례 왕복했다.

피란민들의 눈에는 전쟁에 대한 공포, 고향과 사랑하는 사람들을 잃은 슬픔, 러시아에 대한 분노 같은 감정이 온통 뒤섞여 있는 듯했다. 사실 기자 입장에서는 이들 한 명 한 명의 사연이 모두 기삿거리인 셈이다. 머리는 조금이라도 더 울림이 있는 사연을 찾기 위해 부지런히 인터뷰를 하라고 말하고 있었지만 누구에게 어떤 말로 인터뷰를 요청해야 할지 막막할 뿐이었다.

고개를 두리번거리다 피란민 행렬 한편에서 담배를 피우고 있는 한 여성을 발견했다. 그녀의 오른손에는 담배가 들려 있었고, 왼손은 어디서 구해 어떻게 끌고 왔을지 도무지 가늠이 안 되는 쇼핑용 카트의 손잡이 위에 올려져 있었다. 카트 안에는 가방이 가득 쌓여 있었다. 군데군데 터지고 긁힌 곳에 갈색 박스테이프가 칭칭 감긴 가방들이었다.

엉망진창이 된 가방과는 달리 그녀의 표정은 비교적 담담해 보였다. 그녀는 주위를 천천히 살피며 담배를 피웠다. 지금까지의 경험에 비추어 봤을 때 혼자 담배를 피우고 있는 사람들은 기자 신분을 밝히고 말을 걸더라도 비교적 우호적으로 대답해 주곤 했다. 말동무가 필요해서인지 담배를 피우는 동안 마음이 차분해져서인지 정확한 이유는 모르겠지만 그런 경험이 많았기 때문에 막막한 취재 현장에선 늘 담배를 피우는 사람을 먼저 찾게 된다.

그녀가 담배를 다 피우고 자리를 뜨기 전에 인터뷰를 시도해야 할 것만 같았다. 어떤 말로 시작해야 할지 고민하다 정작 튀어나온 첫마디는 "알 유 오케이?(괜찮으세요?)"였다. 장례식장에서 안녕하시냐고 묻는 것과 다를 바 없는 너무나도 멍청한 질문이었지만 그녀는 서툰 영어로 자신의 이야기를 말하기 시작했다.

그녀의 이름은 올레하 올리니크였다. 어린 아들을 지키기 위해 어쩔 수 없이 3일 전 고향인 하르키우를 떠났다고 했다. 정류장에 몰려든 수많은 피란민들과 하루를 꼬박 지새운 뒤 국경행 버스에 겨우 탈 수 있었다. 그녀의 남편은 고향에 남았다. 남편은 작별 인사를 나누며 "당분간 아이들과 안전한 곳에서 기다려준다면 그 어떤 일이 있어도 우리 가족은 다시 만나게 될 것"이라고 약속했다. 남편의 말을 전달하는 순간 담담하게만 보였던 올레하의 눈시울이 갑자기 붉어졌다. 정적이 흘렀다. 그녀가 무언가를 다시 말하려던 순간 그녀의 아들과 강아지가 돌아왔다. 아이의 손에는 자원봉사자들이 나눠준

과자와 강아지 사료가 들려 있었다. 아이의 표정은 밝고 즐거워 보였다. 마치 강아지를 데리고 엄마와 함께 소풍이라도 나온 듯한 표정이었다. 아마도 올레하와 그녀의 남편은 전쟁의 잔혹한 현실을 아이에게 감추려고 부단히 애썼을 것이다. 궁금한 건 많았지만 아이가 보는 앞에서 더 이상의 질문을 할 수는 없었다. 모든 것이 다 잘될 것이란 인사말과 함께 인터뷰를 마무리했다.

검문소에서의 첫 번째 인터뷰는 사실상 엉망으로 끝난 셈이었다. 제대로 된 질문을 하지도, 충분한 대답을 듣지도 못했다. 당연히 그녀의 이야기는 뉴스로 나갈 수 없었다. 이 인터뷰를 시작으로 수많은 이들을 만나 다양한 이야기를 들었다. 그런데 이상하게도 유독 올레하와의 짧은 만남은 지금도 내 머릿속을 떠나지 않는다. 아이의 밝은 표정, 그리고 아이 앞에서 눈물을 참아내는 어머니의 강인함. 올레하와 그녀의 아들은 지금 어디에 있을지, 남편의 약속대로 그들은 모두 무사히 만나게 됐을지 지금도 문득 궁금해진다.

× × ×

국경에서 쓴 첫 번째 기사는 생이별을 한 엄마와 딸의

이야기였다. 그 현장을 마주한 건 〈뉴스룸〉 생방송 연결한 시간 전이었다. 나흘째 되는 날 아침 주우크라이나 한국 대사관으로부터 연락을 받았다. 공지 내용은 간단했다. 한국인 아버지를 둔 우크라이나 청소년이 곧 국경을 넘어온다는 것이었다. 메디카 국경검문소 앞에 도착한 이후에는 주폴란드 한국 대사관 직원들의 도움을 받아 한국으로 출발할 예정이라고 했다. 대사관의 연락을 받은 한국 취재진들은 그 모습을 담기 위해 미리 약속 장소에 나와 기다리고 있었다.

현지 시간으로 오전 11시. 태극기가 걸린 검정색 밴 한 대가 도착했다. 우리 대사관 차량이었다. 문이 열리고 차에서 내린 건 한 명이 아니었다. 16살의 현아 양과 그녀의 어머니 올가 씨가 차에서 함께 내렸다.

모녀는 카메라가 기다리고 있다는 걸 몰랐던 것 같았다. 현아 양은 당황한 듯 엄마 뒤에 숨은 채 고개를 연신 두리번거렸다. 대사관 직원은 현아 양은 아버지가 있는 한국으로 가기 위해 바르샤바에 위치한 공항으로 이동할 예정이며, 올가 씨는 고향에 남아 계신 어머니를 돌봐야 해서 타고 온 차량으로 다시 우크라이나로 돌아갈 것이라고 설명했다.

현아 양을 공항까지 데려다주기 위해 기다리고 있던

직원이 현아 양에게 비행기 시간이 다가온다며 바로 차에 타야 한다고 말했다. 엄마와 딸은 이제 이곳에서 언제 끝날지 모를 이별을 맞이해야 했다. 두 사람은 서로를 꼭 껴안았다.

현아 양이 차에 타기 전 취재진은 모녀에게 인터뷰를 요청했다. 올가 씨는 "친절한 한국 사람들이 나의 딸을 잘 지켜줄 것이라 믿는다"면서 "우리는 건강한 얼굴로 다시 만날 수 있을 테니 걱정하지 말라"고 말했다. 현아 양은 올가 씨를 바라보며 "부디 건강하게만 있어 달라"고 말했다. 그들의 목소리에 떨림과 울먹임이 가득했다. 그리고 그 감정이 카메라 렌즈 안에 고스란히 담겼다.

인터뷰 도중 시계를 보니 생방송 시작 시간까지 겨우 30분이 남아 있었다. 우리는 곧바로 방송 준비를 시작했다. 나는 길바닥에 주저앉아 원고를 썼고 이완근 기자는 촬영된 인터뷰 영상을 회사로 보냈다.

시간이 촉박했다. 한국에 있는 편집팀이 5분 안에 영상을 편집해 생방송 도중에 틀어야 사고가 나지 않는 상황이었다. 제작팀에선 모녀의 인터뷰를 빼는 게 어떻겠냐고 물어봤지만 나는 "그림이 좋으니 꼭 내보내 달라"고 부탁한 뒤 원고를 마저 마무리했다.

결과적으로 뉴스는 사고 없이 나갈 수 있었다. 한국에 있는 선배들이 발 빠르게 대응해 준 덕분에 모녀의 가슴 절절한 이별 장면은 40초 분량으로 편집돼 방송으로 나갔다. 시청자들의 반응은 뜨거웠다. 실시간으로 많은 댓글이 달렸다. 현아 양에게 개인적으로 도움을 주고 싶으니 연락처를 부탁한다는 메일을 보내는 사람도 있었다. 회사에서는 "촉박한 시간에 순발력 있게 대처했다"며 내게 칭찬을 했다. 소위 '얘기가 되는' 기사였던 셈이다. 여기까지가 뉴스와 관련된 이야기다.

생방송을 마치자마자 이완근 기자와 나는 그 자리에 주저앉아 안도의 숨을 길게 내뱉었다. 그런데 마냥 기분이 후련하지만은 않았다. 목구멍 어딘가에서 무언가 탁 하고 걸린 느낌이 사라지지 않았다. 바닥에 주저앉아 생방송 원고를 쓸 때 무심코 올려다본 올가 씨의 얼굴 때문이었다. 그 얼굴이 머릿속에 계속 아른거렸다. 현아 양을 태운 차가 출발하자, 올가 씨는 가만히 서서 그 모습을 끝까지 바라보았다. 의연해 보였던 올가 씨는 차가 완전히 사라진 뒤에야 참아왔던 눈물을 흘렸다. 그러고는 타고 왔던 차량으로 발걸음을 천천히 옮겼다.

나는 그 모습을 바로 앞에서 보면서도 올가 씨에게 위로의 말 한마디 건네지 못했다. 그 순간 내 머릿속에는 온통 아무 사고 없이 뉴스를 마무리해야 한다는 생각과 함께 그저 이들의 절절한 인터뷰를 내보내 시청자들의 마음을 울려야 한다는 생각만이 가득했다. 그렇게 우는 사람을 앞에 둔 채 원고를 쓰고 생방송을 했다.

이날의 뉴스를 돌려 볼 때마다 모녀의 얼굴이 떠오른다. 이별의 인사를 나누기도 모자랄 시간에 내가 들이댄 마이크 때문에 못다 한 말이 남은 건 아닐까. 올레하(국경에서 처음 만난 피란민)에게 그랬듯 인터뷰를 중간에 멈췄어야 하는 건 아닐까. 뒤늦은 후회가 남는다. 그리고 언제나 그렇듯 뒤늦게 찾아온 후회는 그 누구에게도 도움이 되지 못했다.

"우리 딸이라도 안전한 한국으로" … 국경에서 생이별한 모녀 – 2022년 3월 11일 뉴스

앵커 조금 전, 우크라이나에서 폴란드로 우리 교민 두 명이 더 빠져나왔다는 소식이 들어와 있습니다. 우크라이나와 폴란드 사이 국경에서 김민관 기자가 현장 취재하고 있습니다. 연결해 보죠.
김민관 기자, 교민들 상태는 좀 어떻습니까?

기자 조금 전 16살 현아 양과 50대 남성이 우크라이나 국경을 넘어 이곳 폴란드 국경검문소 인근에 도착했습니다. 현아 양과 함께 온 어머니 올가 씨는 아버지가 있는 한국으로 현아 양을 보낸 뒤, 자신은 위독한 어머니를 돌보기 위해 고국인 우크라이나로 돌아갔습니다. 모녀는 건강한 모습으로 하루빨리 만나자며 서로를 오래 꼭 껴안았습니다.
그 모습, 잠시 보고 오겠습니다.

올가(어머니) 한국은 안전한 곳이기에 딸을 보내기로 했습니다.

현아 양(딸) 어머니에게 아무 일이 없기를 바랍니다. 위험한 일이 없기를 바랍니다.

기자 교민들은 제가 서 있는 이곳 국경검문소에서 영사관이 준비한 차량을 타고 바르샤바로 이동하게 됩니다. 이로써 우크라이나에 남아 있는 우리 교민은 총 28명입니다. 이 중 19명은 생계 등을 이유로 우크라이나에 남겠다고 의사를 밝혔습니다.

앵커 그렇게 남아 계시는 분들도 계시지만, 어쨌든 우크라이나에서 난민들이 지금 계속 넘어오고 있는 상황인 거죠?

기자 그렇습니다. 메디카 국경검문소 앞에는 지금 이 순간에도 계속해서 우크라이나를 떠난 시민들이 넘어오고 있습니다. 성인 남성들에게는 징집령이 내려진 상태이기 때문에 대부분이 노인과 여성, 어린아이였습니다. 그 모습, 리포트로 보고 돌아오시겠습니다.
백발의 노인이 자원봉사자들의 부축을 받으며 힘겹게 걸음을 옮깁니다. 갑작스럽게 집을 떠나야만 했던 아이는 엄마 품에서 결국 눈물을 터뜨립니다. 쇼

핑 카트에 물건을 욱여넣은 채 도망치듯 조국을 떠나야만 했던 이들. 모든 것이 낯설고 힘든 상황입니다. 2주 넘게 이어지고 있는 폭격으로 우크라이나 피란민은 200만 명을 넘어섰습니다.

이곳 메디카 국경검문소 앞에는 강추위를 뚫고 이제 막 폴란드에 도착한 난민들을 위해 세계 각국에서 온 자원봉사자들이 따뜻한 음식을 대접하고 있습니다.

하르다얄 싱(미국인 자원봉사자) 무척이나 안타깝고 가슴 아픈 일입니다. 인류애가 필요한 순간입니다. 피란민들을 저의 가족이라고 생각하고 돕고 있습니다.

기자 키이우에서 폭격을 피해 도망쳐 온 나탈리아 씨는 힘들지만, 희망을 버리지 않겠다고 했습니다.

나탈리아(우크라이나 피란민) 저는 우크라이나 사람이에요. 저는 우리 국민과 국가가 회복할 것이라 믿습니다. 우리를 도와주는 사람들이 곁에 있습니다. 힘든 순간이지만 (견뎌내겠습니다).

앵커 잘 봤습니다. 그리고 끝으로 우크라이나에 전투기를 지원하는 문제와 관련해서는 새롭게 논의되고 있는 게 있다면서요?

기자   지금까지 폴란드가 추진하고 있는 무기 지원 방식은 우크라이나에 미그전투기*를 제공하는 방식입니다. 이에 부정적 입장을 유지해 오던 백악관은 그제(9일) 성명을 통해 "전투기 문제를 놓고 나토와 우크라이나 등과 접촉하고 있다"며 입장을 조금 바꿨습니다. 이런 가운데 《월스트리트저널》은 "미 국방부가 '방공미사일'을 우크라이나에 지원하는 방안을 검토하고 있다"고 보도했습니다. 직접적 공격 수단인 전투기보다는 대공미사일을 제공하는 것이 미국에게도 부담감이 덜한 옵션입니다. 미 국방부도 "대전차 무기와 대공 무기 제공을 고려하고 있다"고 밝힌 바 있습니다.

*   초고도 초음속 요격 전투기.

인간은 얼마나 잔인하며 숭고한가

'인간은 얼마나 잔인하며 또한 얼마나 숭고한가.'

취재 수첩에 휘갈겨 놓은 문장이다. 국경에서 수많은 피란민을 마주하며 인간이 같은 인간에게 얼마나 잔인해질 수 있는지를 다시금 생각하게 됐다. 기자라는 직업의 특성상 자의 반 타의 반으로 수많은 죽음을 마주해 왔다. 살인 사건부터 수많은 사상자가 발생한 인재까지. 한 사람의 죽음은 유족들에겐 하나의 세계가 한순간에 무너져 내리는 것과 마찬가지였다. 취재차 장례식에 갈 때마다 내 마음 한구석도 무너져 내리는 기분이 들었다. 나와는 무관한 누군가의 죽음이었음에도 장례식장에 있다 보면 남겨진 사람들의 슬픔이 내 몸 구석구석을 파고드는 것처럼 선명해 외면하기가 힘들었다.

그런데 전쟁에서의 죽음에는 슬픔 외에도 다른 무언가가 더 따라왔다. 단순히 사상자의 수가 많기 때문만은 아니었다. 전쟁은 한 집단이 다른 집단을 말살하기 위해 작정하고 포탄을 쏘고 미사일을 날리는 행위다. 나뿐 아니라 우크라이나에서 만난 모두가 그 거대한 야만성을 도무지 이해하지 못했다. "이 전쟁이 도대체 무엇을 위한 전쟁인지 도무지 모르겠다"는 절규가 곳곳에서 들려왔다. 사고나 재난에 의한 죽음 또한 종종 '왜 이런 일이 일어나야만 했는지'라는 의문을 불러일으키지만 전쟁에서의 죽음이 주는 불가해함은 좀 더 아득한 차원에 놓여 있다. 이 거대한 야만성이 만들어낸 깊은 구덩이를 감당할 수 있는 사람은 아무도 없다. 이 거대한 비극을 정당화할 수 있는 명분 또한 단언컨대 없을 것이다. 전쟁에서 '인간'이라는 존재는 완전히 지워진다. 죽이는 쪽은 살인 기계가, 죽임을 당하는 쪽은 죽어도 되는 존재가 될 뿐이다. 집단적 광기라는 말 외에는 이 비극을 설명할 다른 단어를 찾을 수 없다.

아이러니하게도 이런 거대한 야만성 속에서 사람들의 숭고한 희생은 더욱 빛이 났다. 메디카 국경검문소를 통과한 뒤 피란민들이 걸어가는 500미터 길이의 길 양옆으로는 텐트가 가득 자리 잡고 있었다. 따뜻한 음식, 옷, 각종 의약품 등을 나눠주기 위해 기다리고 있는 자원봉사자들의 텐트였다. 이들은 텐트 안에서 숙식을 해

메디카 국경검문소 앞을 지나는 피란민들과
그 양옆의 자원봉사자 텐트.

결하며 차가운 겨울밤을 지새우고 있었다.

하르다얄 싱은 뉴욕에서 온 인도인이었다. 터번을
두르고 선글라스를 낀 다소 독특한 모습으로 트럭 안에
서 수프를 끓이고 있었다. 토마토와 고기, 각종 야채를
넣고 끓인 따뜻한 수프였다. 인터뷰를 요청하자 트럭에
서 내려와 "당신은 무척이나 훌륭한 일을 하고 있다"며
다짜고짜 포옹을 했다. 그러면서 "지금 우리에게 필요
한 건 인류애입니다. 피란민들을 나의 가족이라 생각합

니다"라고 말했다.

그의 말에서 진심이 느껴졌다. 단 한 번도 마주친 적 없는 누군가를 위해 자신의 시간과 돈을 써가며 애써온 그의 행동을 인류애라는 말 외에는 달리 표현할 방법이 없었다. 인터뷰를 진행하는 사이 세 명의 피란민이 트럭 앞에 모였다. 그는 말을 멈추고 다시 트럭 위로 올라가 사람들에게 수프를 나눠줬다. 그리고 나에게도 수프를 건넸다. 종이컵에 담긴 토마토 수프를 한 모금 마시자 몸 전체로 따스한 기운이 천천히 퍼져나갔다. 고개를 돌려 보니 추위에 튼 손으로 수프를 마시는 사람들의 얼굴에 작은 미소가 번지고 있었다.

사람뿐 아니라 반려동물을 위해 사료와 입마개 등을 나눠주는 텐트도 보였다. 전쟁이 시작되자마자 독일에서 왔다는 헤스더는 "피란민들에게 반려동물은 가족과 마찬가지입니다. 가족이 힘들어하는데 누가 괜찮을 수 있겠습니까. 우리는 이들이 조금이라도 웃을 수 있도록 이곳에 있습니다"라고 말했다. 실제로 국경에서 만난 피란민 열 명 중 한 명은 반려동물과 함께 국경을 넘었다. 서로 체온을 나누며 언 몸을 녹이고, 믿고 의지하며 힘든 시간을 견뎌내고 있었다. 폴란드를 비롯한 우크라이나의 접경 국가들은 반려동물 입국 시 필수적으로 요구하던 예방접종과 피검사를 면제해 주었다.

검문소 외곽에는 대형버스가 줄지어 기다리고 있었다. 폴란드, 독일, 프랑스, 네덜란드 등 유럽 곳곳으로 피란민들을 데려다줄 버스였다. 대부분의 버스는 폴란드 정부가 무상으로 지원해 주고 있다고 했다. 몇몇 버스는 자원봉사자들이 직접 몰고 온 버스였다. 네덜란드행 버스의 운전대를 잡고 있던 남성은 자신을 고등학교 선생님이라고 소개했다. 그는 "학생들에게 말보다 행동으로 보여주고 싶었다"며 4일간 학교에 휴가를 내고 암스테르담에서 학교 버스를 빌려 이곳에 왔다고 했다.

피란민들을 가득 태운 버스가 출발할 때마다 자원봉사자들은 버스를 향해 손을 흔들며 배웅에 나섰다. 나도 그 옆에서 함께 손을 흔들었다. 버스에 타고 있던 한 아이는 그 모습이 신기했는지 한참 바라보다가 환한 웃음을 지으며 양손을 흔들어주었다.

함께 싸우는 폴란드 사람들

전쟁으로 엉망이 된 건 우크라이나뿐만이 아니었다. 우크라이나와 국경을 맞댄 폴란드도 전쟁 이후 모든 게 달라졌다. 국경과 거리가 가까울수록 변화의 폭도 컸다. 우크라이나에서 불과 10킬로미터 떨어진 폴란드의 도시 프셰미실은 거대한 난민 보호시설로 변해 있었다.

프셰미실역 4번 승강장에 기차가 도착하면 수백 명의 피란민들과 그들이 품에 안고 온 반려동물, 커다란 짐 등이 뒤엉켜 쏟아져 나왔다. 군인과 경찰, 자원봉사자들이 기차역 중간중간에 배치되어 있었지만 가까스로 안전사고를 막아내는 게 전부였다. 역에서 만난 공무원은 "이미 프셰미실 인구의 3배가 넘는 피란민들이 유입됐다. 어디까지 늘어날지 짐작조차 할 수 없다"면서 힘겨운 듯 한숨을 쉬었다.

울음을 터뜨린 아이와 그런 아이를 품에 안고 달래

는 어머니, 심각한 얼굴로 전화 통화를 하는 노인, 안전
요원들의 다급한 외침, 자원봉사자들의 안내 음성, 어지
럽게 울리는 발소리, 사람들에게 밟힌 강아지의 깽깽거
림까지 온갖 소리가 역 안에서 뒤섞여 울렸다. 역 가장
자리에는 사람들이 신문지나 박스를 펼쳐서 깔아놓은
채 앉아 있었다. 한 어머니는 그곳에서 갓난아이에게 젖
을 물렸다.

인터뷰는 물론 자리를 잡고 서 있는 것조차 벅찬 상
황이었다. 카메라를 들고 있는 것 자체가 사람들에게 피
해를 주었기에 빠르게 촬영을 마친 뒤 역 바깥으로 빠져
나왔다. 영하의 날씨였지만 광장 곳곳에 피란민들이 자
리를 잡고 앉아 있었다. 백발이 성성한 할머니가 바닥에
앉은 채 유아차 안에서 우는 아이를 멍하니 바라보고 있
었다. 할머니의 눈동자에는 살아남았다는 안도감 그리
고 앞으로 살아나갈 일에 대한 막막함이 뒤섞여 있는 듯
했다.

메디카 국경검문소 앞과 프셰미실의 풍경은 비슷한
듯 달랐다. 프셰미실 사람들에게 피란민들의 유입은 삶
의 양식 자체를 뒤바꾸는 커다란 변화였다. 도시 인구의
세 배가 넘는 사람들이 갑자기 밀려들어 왔고, 이들 모
두가 프셰미실 사람들의 도움을 필요로 했다.

프세미실 기차역 앞 피란민들.

　기차역뿐 아니라 대형 마트, 학교 체육관, 물류 창고 등 많은 인원을 수용할 수 있는 곳은 어김없이 임시 숙소로 사용됐다. 그런데도 공간이 부족해서 영하의 날씨에 임시 텐트까지 설치하는 중이었다. 자신들의 집을 내놓은 시민들도 있었다. 많은 식당들이 무료 급식소 역할을 했다. 도시의 비상 기금도 피란민들을 위해 사용되고 있었다. 마치 도시 전체가 하나가 되어 피란민들을 돕고 있는 모습이었다.

　사실 프세미실 사람들은 우크라이나에 그다지 좋은 기억을 가지고 있지는 않다. 지금은 쪼개졌지만 과거에는 르비우를 비롯한 우크라이나 서쪽 지역과 크라쿠프, 프셰미실을 포함한 폴란드 남동쪽 지역이 갈리치아라는 지명으로 묶여 있었다. 1918년, 이 갈리치아 지역을 둘러싸고 발발한 폴란드-우크라이나 전쟁 당시 프셰미실은 주요 격전지 중 한 곳이었다. 프셰미실 시민들은 민병대를 조직해 우크라이나 군대와 맞섰고 그 과정에서 수많은 사람들이 목숨을 잃었다. 2차 세계대전 때는 소련과 나치의 침략으로 프셰미실에 살고 있던 유대인 대부분이 학살을 당하기도 했다.* 전쟁이 끝난 뒤에도 우크라이나의 국수주의자들은 프셰미실에 대한 공격을 멈추지 않았다고 한다.

이런 역사적 배경이 있기에 이들의 희생은 더욱더 숭고해 보였다. 프셰미실에서 태어나 30년째 이곳에 살고 있다는 카즈마렉은 "솔직히 우크라이나 사람들과 폴란드 사람들은 사이가 그리 좋진 않았습니다. 이건 부인할 수 없는 사실이죠"라며 말문을 열었다. "하지만 지금은 그런 오래된 감정을 꺼낼 상황은 아닙니다. 이 사람들은 폭격을 피해온 사람들입니다. 그리고 무엇보다 이들의 얼굴을 한번 보십시오. 우리와 똑같이 너무나도 평범한 사람들입니다. 이런 사람들에게 공격을 가한다는

---

* 2차 세계대전 당시 우크라이나는 소련에 속해 있었다.

건 정말이지 너무나도 잔인하고 끔찍한 행동입니다. 그런 일을 당한 사람들을 돕는 건 당연한 일입니다. 도와야죠. 도와야 합니다."

기차역 앞에서 만난 70대 노인 올렉산드라는 "폴란드 사람들의 따뜻한 환영에 너무나 놀랐습니다. 신이 우리를 버리지 않았다는 걸, 이들이 신이 보낸 천사라는 걸 알게 됐습니다"라고 말했다. 올렉산드라는 이탈리아에 살고 있는 딸이 프셰미실에 도착할 때까지 이곳의 한 가정집에 머물 예정이라고 말했다.

×××

폴란드의 수도 바르샤바와 제2도시 크라쿠프에서도 많은 변화가 일어나고 있었다. 국경 근처에는 언제든 조국으로 돌아가려는 피란민들이 많았다면, 대도시에는 전쟁이 끝나기를 기약 없이 기다리기보다는 새로운 환경에 적응해 새 삶을 꾸려나가려는 이들이 상대적으로 많았다. 때문에 이들은 집을 비롯해 일자리, 아이들이 다닐 교육 시설 등을 필요로 했다. 폴란드는 가용할 수 있는 모든 자원을 동원해 이들을 돕고 있었다. 현지 언론 보도에 따르면 당시 폴란드 정부는 우크라이나에 대한

주말마다 크라쿠프 광장에서 열리던 반전시위.

군사적 지원뿐 아니라 피란민들에게 주거 및 교통, 교육 등의 편의를 제공하기 위해 1억 6000만 달러 규모의 펀드를 만들었다.

숫자에 담기지 않는 마음도 확인할 수 있었다. 폴란드 거리 곳곳에 우크라이나 국기가 폴란드 국기와 함께 내걸려 있었다. 관공서는 물론이고 일반 가정집도 마찬가지였다. 주말에 광장에 나가면 우크라이나 난민들과 폴란드 사람들이 함께 모여 반전시위를 했다. 길을 지나가던 사람들도 이들과 함께 "전쟁을 멈추라STOP THE WAR"는 구호를 외치고 우크라이나 국가를 불렀다.

이 책의 뒷부분에서 다루겠지만 우크라이나를 위하는 폴란드 사람들의 마음은 전쟁이 길어지면서 조금씩 달라져 갔다. 많은 이들이 여전히 우크라이나를 위해 목소리를 높이고 있지만 이를 불편해하는 시민들도 하나둘 늘어나기 시작한 것이다. 또한 폴란드가 러시아로부터 자신들을 보호하기 위해 우크라이나를 전폭적으로 지지하는 것이라는 분석도 나왔다. 하지만 내가 방문했던 그 시간, 그 장소에서 직접 보고 느낀 폴란드 사람들은 모두가 진지하고 진실했다. 다른 어떤 이유에서가 아니라, 사람은 사람이라는 이유 하나만으로 존중받고 보호받아야 한다고 여기는 인류애를 확인할 수 있었다.

갑작스럽게 허가된 우크라이나 입국

폴란드에 들어온 지 3주가 지나갔다. 매일매일 새로운 사람들을 만나 각자의 이야기를 들었다. 한 명 한 명이 지니고 있는 이야기가 전쟁의 일부를 보여주는 퍼즐 조각 같았다. 그 조각을 많이 모아서 맞추면 어렴풋이나마 전쟁의 전체적인 윤곽을 알 수 있게 될 것이다. 그런 생각으로 퍼즐 조각을 하나씩 모으듯 인터뷰를 해나갔고, 그 내용을 시청자들에게 최대한 생생하게 전달하려 노력했다. 하지만 가슴 한구석에선 현장에 대한 갈증이 점점 커져만 갔다. 국경 밖에 머물며 전쟁을 겪고 나온 이들의 이야기를 듣고 이를 가공해 전달하는 작업이 결코 의미가 없는 것은 아니었지만, 전쟁의 중심에서 멀찍이 떨어져 있다는 느낌을 지울 순 없었다.

그런 고민이 조금씩 커질 무렵 우리 정부가 취재진들에게 우크라이나 특별 입국을 허가하겠다고 발표했다. 그 소식이 전달되자마자 부서장에게 전화가 걸려왔다. "전쟁터에 직접 들어가라고 회사가 강요할 수 있는 일은 아니니 이완근 기자와 상의해 입국 여부를 결정해달라"는 전화였다. 내 대답은 이미 정해져 있었다. 이완근 기자에게서도 예상했던 대답이 돌아왔다. "가야죠, 선배. 당연히."

하지만 취재 기간과 취재 지역 둘 다 제한적이었다. 2박 3일 동안 루마니아와 맞닿아 있는 도시인 체르니우치에서만 머물 수 있었다. 주요 교전 지역인 동부 돈바스와는 물리적으로 멀리 떨어진 곳이었다. 그럼에도 우크라이나 국경 밖과 안의 분위기는 전혀 다를 것이었다. 현장에 접근할 기회를 놓칠 수 없었다.

우크라이나 입국에 필요한 서류를 작성해 외교부에 보내면 검토 과정을 거쳐 약 일주일 뒤 비자가 나올 거라고 했다. 숙소로 돌아가 외교부가 요구한 서류 양식을 살펴보았다. 평소 같으면 빈칸을 채운 뒤 서명을 하고 곧바로 보냈겠지만 평소와는 다른 특별한 상황인 만큼 서류에 적힌 내용을 한 글자 한 글자씩 읽어 내려갔다.

"상기 신청인은 우크라이나가 현재 전쟁 중이며 어느 지역도 안전을 담보할 수 없는 매우 위험한 상황으로서 … 전쟁 상황으로 인해 우리 대사관이 신청인의 방문에 수반되는 각종 취재 활동에 대한 지원은 불가능한 실정임을 충분히 인식하고 있습니다. … 정부의 허가를 받더라도 이번 우크라이나 방문·체류와 관련하여 발생하는 안전상의 생명·신체에 대한 위해 또는 재산상의 불이익 등에 대한 모든 책임은 전적으로 본인에게 있음을 인정하고 이에 동의합니다."

그제야 내가 지금 들어가는 곳이 어디인지가 실감이 나기 시작했다. 그때까지 체르니우치는 한 번도 공격을 받은 적이 없었다. 하지만 현대전의 특성상 언제 어디로 러시아의 미사일이 날아올지 알 수 없는 일이었다. 실제로 4일 전 내가 있던 메디카 국경검문소와 아주 가까운 곳에 미사일이 떨어졌다. 우크라이나 전 지역이 러시아의 사정권이나 마찬가지였다. 하지만 겁이 난다고 들어가지 않을 순 없었다. 걱정은 하면 할수록 꼬리에 꼬리를 물고 커질 수밖에 없다. 일단 가기로 결정한 만큼 다른 생각들은 의식적으로 접어두었다.

우크라이나는 모든 공항이 폐쇄된 상태였기 때문에 육로로 들어갈 수밖에 없었다. 폴란드에서 루마니아까지는 비행기를 타고 그 이후에는 차로 갈아타 루마니아의 시레트 국경검문소를 거쳐 체르니우치로 들어가야 했다. 외교부에 서류를 보내고 바로 다음 날 루마니아행 비행기 표를 예매했다. 비행기 탑승 수속 때 코로나19 음성 결과 확인서가 필요할 수도 있어 미리 PCR 검사도 받았다.

폴란드 출국 당일, 예상치 못했던 일이 발생했다. 이메일로 날아온 검사 결과 확인서에는 'POSITIVE(양성)'라는 글자가 선명하게 박혀 있었다. 이게 내 결과가 맞나 싶어 여권 번호와 이름을 다시 한번 확인했다. 구글 번역기를 켜 'POSITIVE'가 양성이라는 뜻이 정말 맞는지도 확인했다. 그만큼 너무나도 당황스러운 상황이었다. 검사 결과 때문에 비행기를 못 타게 되면 모든 게 물거품이었다. 일단 이완근 기자에게 연락을 했다. 다행히 그는 음성이 나왔다고 했다.

생각해 보니 일주일 전 눈을 뜨자마자 오한이 들고 기침이 멈추지 않은 적이 있었다. 몸 상태가 심각하다는 걸 직감하고 부서장에게 오늘 하루는 쉬는 게 좋을 것 같다고 보고했다. 그러고는 한국에서 가지고 온 감기약을 아침, 점심, 저녁으로 그야말로 털어 넣었다. 약 기운 덕분인지(?) 출장 와서 처음으로 잠다운 잠을 잤다.

그리고 다음 날 가벼워진 몸 상태로 다시 취재를 시작했다. 아마 그때가 코로나19 증상이 가장 심하게 나타났던 순간이었을 것이다.

여하튼 지금 중요한 건 대책을 세우는 것이었다. 어떻게 해야 할지 이완근 기자와 메신저로 논의했다. 선택지는 두 가지였다. 검사 결과가 음성으로 바뀔 때까지 기다리거나 가능한 모든 방법을 동원해 지금 비행기를 타는 것. 음성 결과를 기다리다가는 우크라이나에 입국할 기회 자체를 놓쳐버릴 위험이 컸다. 또한 루마니아까지 육로로 이동하는 것은 불가능했다. 가지고 있는 비자로는 폴란드와 루마니아 사이에 위치한 슬로바키아를 통과할 수 없었기 때문이다. 그렇다면 어떻게 해서든지 당장 비행기를 타는 수밖에 없다는 결론이 나왔다.

일단 내가 이 시점에 아무런 증상이 없다는 점, 나와 함께 삼시 세끼를 먹은 동료가 음성이라는 점에 비추어 볼 때 코로나19는 거의 치유가 된 상황으로 보였다. 그리고 비행기 탑승 절차를 알아보니 유럽은 사실상 위드 코로나with Corona를 선언한 상황이기에 한국과 달리 유럽연합 내에서 이동할 때는 음성 결과 확인서를 요구하지 않는 듯했다. 어떤 상황이 벌어질지는 모르지만 일단 공항에 가보기로 했다. 마스크 두 겹으로 무장한 채 호텔 방을 나섰다.

공항에서 티켓을 끊으며 직원에게 탑승 절차를 밟을 때 PCR 검사 결과가 필요하냐고 물었다. 다행히도 루마니아행 비행기를 탈 땐 필요하지 않다는 답변이 돌아왔다. 양심의 가책을 느꼈지만 내가 양성이라는 사실을 말할 순 없었다. 가슴속으로 안도의 한숨을 내쉬고 티켓을 받았다.

하지만 모든 일이 내 뜻대로 풀리진 않았다. 2차 검색대에서 직원이 코로나19 확진 판정을 받은 사람은 비행기에 탈 수 없다며 나를 막아 세웠다. 아마 PCR 검사 결과가 여권 정보를 조회하는 전산 시스템에 자동으로 연결이 되었던 것 같다. 순간적으로 머릿속이 하얘질 만큼 당황스러웠다. 공항 직원은 나에게 돌아가라는 듯 손으로 검색대 반대 방향을 가리켰다. 그렇다고 순순히 돌아갔다간 모든 게 다 어긋날 수밖에 없었다. 일단 기자 신분임을 밝히며 상황을 설명하려 했다. 하지만 설상가상으로 그 직원은 영어를 거의 한마디도 하지 못했다. 옆줄에 서 있던 이완근 기자는 이미 검색대를 통과한 상태에서 이 상황을 지켜보고 있었다. 공항 직원은 계속 나에게는 돌아가라고, 이완근 기자에게는 안으로 들어가라고 손짓할 뿐이었다.

그때 어디선가 공항의 총관리인처럼 보이는 제복 차림의 중년 여성이 나에게 다가왔다. 그녀는 공항 직원과 폴란드어로 몇 마디를 나누더니 나에게 사무실로 따라오라고 말했다. 다행히 이번에는 영어를 할 줄 아는 사람이었다. 당황한 표정으로 서 있는 이완근 기자에게 잘 해결하고 돌아오겠다고 말했지만 사무실로 걸어가는 짧은 순간에 '이거 정말 큰일이 났구나'라는 생각을 하지 않을 수 없었다. 이제 한 시간 후면 비행기는 떠난다. 최악의 경우 나는 이곳에 남고 이완근 기자는 비행기를 타고 루마니아로 가야 한다. 모든 게 엉망이 될 수도 있었다.

검색대 옆 사무실에 들어가자마자 관리인은 문을 닫은 뒤 단도직입적으로 "무슨 목적으로 비행기를 타려하느냐"고 물었다. 안 그래도 서투른 영어가 더욱 어설프게 나왔지만 최대한 자세하게 내 상황을 설명했다. "나는 한국에서 온 기자입니다. 루마니아를 거쳐 우크라이나로 들어가려 합니다. 우크라이나 전쟁을 취재하기 위해서 이곳에 왔기 때문입니다. 한국 정부로부터 모든 협조를 받았습니다. 적법한 절차를 거쳐 우크라이나에 가려는 것입니다."

내 말을 들은 관리인은 잠시 인상을 쓰더니 가만히

내 얼굴을 바라봤다. 잠시간의 침묵이 너무나도 길게 느껴졌다. 그때 내 머릿속 한편에는 앞서 군부대를 취재하려다 경찰 조사를 받았던 기억이 스쳐 지나갔다. 혹시 내가 코로나19 때문이 아니라 그때 받은 조사 때문에 잡힌 건 아닌가 하는 생각도 들었다. 가만히 있다간 괜한 오해를 사고 다시금 경찰 조사까지 받아야 할지 모른다는 생각에 그때부턴 사실상 호소를 하기 시작했다.

"나는 우크라이나 전쟁의 참상을 한국에 알려야 합니다. 아직 정식 허가를 받고 우크라이나에 간 한국 기자는 없습니다. 나는 우크라이나에서 한국에 전쟁의 모습을 알려야 할 의무가 있습니다. 만약 내가 가지 못한다면 우크라이나뿐 아니라 폴란드에도(도대체 왜 이런 말까지 했는지 모르겠지만 그 정도로 당황스럽고 절박한 상황이었다) 좋지 않은 상황이 벌어질 것입니다."

내 말이 끝나자 관리인은 심각한 표정으로 폴란드로 다시 돌아올 계획이 있는지 물었다. 나는 취재를 마치면 루마니아에서 곧바로 한국으로 갈 예정이라고 했다. 그러자 관리인은 "음성 확인을 받지 않으면 다시 폴란드로 돌아올 순 없다"고 말했다. 내가 명심하겠다고 대답하자 그녀는 심각했던 표정을 풀며 안전하게 잘 지내라는 인사말과 함께 자신을 따라오라고 손짓했다. 그러고

는 검색대 옆에 있는 비상문을 열고 나를 지나가게 해주
었다. 비상문 앞에는 이완근 기자가 서 있었다. 당분간
만나지 못할 것이라 생각했던 너무나도 반가운 얼굴이
었다. 우리는 그제야 안도의 숨을 길게 내쉬었다. "남은
일정이 모두 잘 풀리려나 보다" 하고 너털웃음을 짓고
서둘러 비행기에 탑승했다. 출발 30분 전이었다.

즉시 안전한 지역으로
대피·철수하여 주시기 바랍니다

공항이 있는 루마니아 수도 부쿠레슈티에서 시레트 국경검문소까지는 차로 10시간가량 떨어져 있었다. 장거리 이동이었지만 이상하게 잠이 오지 않았다. 외교부에서 예정대로 비자를 발급해 준다면 우리는 사흘 뒤 이 길 끝의 국경을 넘어 우크라이나로 들어가게 된다. 오랜 출장에 (비록 PCR 검사 결과지를 받고 나서야 알게 된 사실이지만) 약간의 코로나19 후유증까지 겹쳐 몸은 지칠 대로 지쳐 있었지만 국경에 다가갈수록 정신은 점점 또렷해졌다. 시레트에 도착한 뒤 호텔 침대에 누웠는데도 잠이 오지 않아서 밤새도록 뒤척였다.

다음 날 아침 일찍 국경검문소로 나갔다. 이날은 생방송 연결이 계획되어 있었기에 오전 11시까지는 취재를 마무리해야 했다. 이곳 시레트 국경검문소는 폴란드에 있는 메디카 국경검문소에 비해 비교적 한산한 분위기였다. 메디카 국경검문소와 마찬가지로 곳곳에 자원봉사자들이 설치한 텐트가 눈에 띄었지만 빈 곳이 더 많았다. 피란민과 자원봉사자, 주변에 배치된 경찰들을 만나 취재를 했다. 경찰 한 명에게 이틀 뒤에 우크라이나에 들어갈 계획이라고 밝히며 국경 너머 분위기에 대해 물어봤다. 그는 "나 역시도 직접 본 게 아니기에 설명하긴 어렵다"면서도 "이곳에서 만난 사람들의 절망적인 표정은 꽤 오래 경찰 생활을 해온 내게도 낯선 것"이라고 말했다.

2022년 3월 26일 토요일. 현지 시간으로는 오후 1시, 한국 시간으로는 오후 6시에 생방송 연결을 했다. 이날 스튜디오에 앉아 있던 앵커는 아내였다. 아내는 4년간 주말 뉴스를 도맡아 진행해 오고 있었다. 때문에 각자 앵커와 기자로서 생방송 현장 중계 시 말을 주고받거나 스튜디오에 마주 앉아 대담을 하는 일이 종종 있었다. 아내와 방송을 함께하는 게 처음도 아니었는데 이날의 방송은 지금도 선명하게 머릿속에 남아 있다. 우리는 2분 20초간 루마니아 시레트 국경검문소의 분위기와 함께 당시 교전 상황, 바이든 미국 대통령의 폴란드 방문 소식 등을 시청자들에게 전달했다. 중계를 마치고 비행기 모드로 해두었던 핸드폰을 확인하니 문자 한 통이 와 있었다. 이틀 뒤 우크라이나 입국을 승인한다는 외교부의 문자였다.

곧바로 묵고 있던 호텔로 가서 우크라이나에 들고 갈 가방을 다시 꾸렸다. 최소한의 옷가지와 휴대용 배터리, 방탄조끼만 챙기고 나머지 짐은 호텔 프런트에 맡겨 두었다. 짐 정리를 마친 뒤 식사도 하고 취재 계획도 세울 겸 이완근 기자와 호텔 앞 식당에 갔다. 부담감과 긴장감 때문인지 좀처럼 음식이 넘어가지 않았다. 이완근 기자와 나는 마음 깊숙한 곳에서 스멀스멀 올라오는 불안감을 의식적으로 억누르며 서로를 격려했다.

그날 저녁 부모님께 전화로 우크라이나 입국 소식을 전했다. 아내에게는 미리 말을 했지만(같은 회사를 다니기 때문에 숨긴다고 숨길 수도 없었다) 부모님께는 괜한 걱정을 끼칠 것 같아 입국 계획 자체를 숨기고 있었다. 여러 안전장치가 있고 체류 기간도 짧기 때문에 걱정하지 않으셔도 된다고 말했다. 걱정하지 않겠다는 부모님의 목소리에는 숨기려 하지만 좀처럼 숨겨지지 않는 걱정스러움이 묻어났다. 불편한 마음으로 전화기를 내려놓고 뜨거운 물로 샤워를 했다.

출국 전날은 최대한 컨디션 관리에 집중했다. 이완근 기자와 가볍게 호텔 주변을 산책했다. 폴란드보다 피란민들이 덜 유입되어서일까. 루마니아 사람들은 비교적 일상을 유지하고 있는 듯했다. 조금은 쌀쌀하지만 화창하고 투명한 날씨의 일요일 오후, 공원은 삼삼오오 나들이를 나와 웃고 떠드는 이들로 가득했다. 이 평범한 일상이 갑자기 낯설게만 느껴졌다. 내가 폴란드 국경에서 만난 우크라이나 피란민들도 한 달 전까지 이런 평범한 행복을 누렸을 것이다. 그날 밤도 좀처럼 잠들지 못했다.

새벽 6시, 여명이 비출 무렵 호텔을 빠져나왔다. 공기는 차갑고 건조했다. 크게 심호흡을 한 번 하고 국경으로 향했다. 우크라이나로 들어가기 위해선 두 개의 검문소를 통과해야 했다. 우선 루마니아 측에서 검사를 받은 뒤 우리식으로 표현하면 공동경비구역 같은 500미터 정도 되는 분계 공간을 지나 다시 우크라이나 측에서 검사를 받아야 한다.

우리 외교부로부터 입국 비자를 받았기 때문에 아무런 문제 없이 검문소를 통과할 거라 기대했지만 이번에도 시작부터 예상치 못한 일이 벌어졌다. 루마니아 검문소 직원이 이완근 기자가 들고 있던 카메라를 가리키며 인가를 받았는지 물어본 것이다. 우리는 카메라에 대한 인가가 필요하다는 안내는 전혀 받지 못한 상태였다. 그렇다고 이곳에서 한 대뿐인 카메라를 압수당한다면 우크라이나에 들어가는 것 자체가 무의미한 일이 될 것이었다.

일단은 즉답을 피하며 한국에서 온 취재진임을 밝혔다. 그리고 영어에 서투르기 때문에 당신의 말을 완벽히 이해는 못 하지만 한국 정부로부터 모든 승인을 받았음을 강조했다. 직원은 우리에게 잠시 기다리라고 하더니 다른 직원과 심각한 표정으로 대화를 나누었다. 시간은 계속 흘러갔지만 이상하게도 불안하지는 않았다. 폴란드 공항에서는 온갖 생각이 머릿속을 스쳤지만 이번에는 기다리기만 하면 별문제 없이 통과할 수 있을 것 같다는 막연한 확신이 들었다. 아니나 다를까 20분 정도가 지난 뒤 직원은 행운을 빈다는 말과 함께 여권에 입국 허가 도장을 찍어주었다.

루마니아 검문소를 통과하자 한가운데 철책을 쳐서 나가는 편과 들어오는 편을 분리해 놓은 쭉 뻗은 길이 나왔다. 그 길 끝에 커다란 간판과 국기가 걸려 있는 우크라이나 검문소가 보였다. 검문소 주변으로 두툼한 방탄조끼를 입고 소총을 든 군인들이 경계 근무를 서고 있었다.

철책 너머 반대편 통로에서 우크라이나 검문소를 막

빠져나온 피란민들이 걸어오는 게 보였다. 철책을 사이에 두고 그들과 눈이 마주쳤다. 피란민들을 취재하는 동안 계속 마주쳤던 어딘지 모르게 텅 비고 슬픈 눈동자였다. 그제야 덜컥 겁이 났다. 이 길을 계속 걸어가도 정말 괜찮은 걸까? 가까스로 숨겨왔던 불안감이 불쑥 고개를 들었지만 물러서기엔 너무 많이 와버린 터였다.

우크라이나 검문소는 비교적 쉽게 통과할 수 있었다. "프레스(취재진)"라고 밝히자 군인은 옅은 미소와 함께 고개를 끄덕이며 안전하게 돌아오라고 말해주었다. 문이 열리고 우크라이나 땅에 처음으로 발을 내디뎠다. 그 순간 휴대폰 알람이 울렸다. 외교부로부터 온 문자였다.

"우크라이나는 현재 여행 금지국이니, 즉시 안전한 지역으로 대피·철수하여 주시기 바랍니다."

고장 난 체르니우치

체르니우치 취재는 주우크라이나 한국 대사관이 소개
해 준 세르게이라는 남성과 함께하기로 했다. 그는 체
르니우치 토박이로 우크라이나인으로선 드물게 비교적
유창한 영어를 구사했다. 우리는 검문소 바로 앞에서 간
단한 통성명과 함께 인사를 나눈 뒤 곧바로 차를 타고
시내로 향했다. 2박 3일이라는 짧은 시간만이 허락되었
기에 지체할 시간이 없었다.

국경에서 체르니우치까지는 차로 약 한 시간 남짓
걸렸다. 세르게이는 운전을 하며 반드시 유의해야 할 점
을 말해주었다. 첫째, 군인과 경찰은 절대 찍지 말 것.
둘째, 관공서 건물은 군용시설로 사용되니 절대 찍지 말
것. 셋째, 찍어도 될지 안 될지 궁금하면 반드시 자신에
게 물어볼 것. 만약 이를 어기면 카메라를 압수당한 채
당장 추방될 수 있다고 경고했다. 폴란드에서 불시에 취

조를 당한 기억이 있기 때문에 이 경고가 결코 과장으로 들리진 않았다.

심각한 대화를 나누며 바라본 차창 밖 풍경은 전혀 다른 세상이었다. 창밖으로는 초봄의 푸른 밀밭이 지평선과 맞닿아 있었고 그 위로는 구름 한 점 없는 파란 하늘이 펼쳐져 있었다. 아름다웠다. 나도 모르게 탄성이 나올 정도로 그림 같은 풍경이었다. 이곳에서 전쟁이 벌어지고 있다는 걸 한순간 잊게 만들 만큼 평화로운 모습이었다.

30분간 이 안온한 풍경이 펼쳐졌다. 머릿속에 '이곳이 정말 전쟁 중인 나라가 맞는 건가?' 하는 생각이 들 무렵 전쟁의 조각들이 하나둘 나타났다. 뻥 뚫려 있던 도로가 막히기 시작했다. 도로에 지그재그로 쌓아둔 모래주머니 때문에 차들이 속도를 줄일 수밖에 없었다. 모래주머니 길을 통과해 처음 마주친 주유소는 영업을 멈춘 상태였다. 전쟁으로 기름 공급이 원활하지 않은 탓이다. 기름을 구하기 위해서는 그나마 영업을 하는 몇 안 되는 주유소에 새벽 일찍부터 나가 최소 세 시간을 기다려야 하고, 가격도 전쟁 전보다 2배 가까이 비싸졌다고 했다.

시내에 들어선 순간부터 이 공간이 뭔가 고장 나 있

다는 느낌을 받았다. 울퉁불퉁하고 좁은 차로 양옆으로 불법 주차된 차량이 가득했다. 번호판을 확인해 보니 키이우나 하르키우 등 다른 도시에서 온 차들이 대부분이었다. 차창 위로 먼지가 가득 내려앉아 있었다. 차를 몰고 이곳까지 피란을 온 이들이 비싼 기름값을 버틸 수 없어 사실상 버려두고 간 것이었다.

얼핏 보이는 건물의 외관은 유럽의 다른 도시들처럼 깔끔하고 우아했다. 하지만 폭격에 대비해 창문이란 창문은 죄다 신문지와 테이프로 막혀 있었고 건물 주변에는 철제 바리케이드와 모래주머니가 쌓여 있었다. 어느 방향으로 고개를 돌려도 완전무장을 한 군인과 경찰이 눈에 들어왔다. 평범해 보이는 시민들 중간중간에도 사복을 입은 경찰이 활동하고 있을 것이었다. 거리 전체가 경직되어 있는 듯했다. 불과 한 시간 전에 감탄했던 우크라이나의 푸른 하늘과 드넓은 밀밭은 이미 내 머릿속에서 완전히 지워진 상태였다.

차 댈 데가 없어 체르니우치 중심가를 세 바퀴나 돌아야 했다. 빠져나가는 차량 한 대를 겨우 발견해 그 자리에 잽싸게 주차를 한 뒤에야 차에서 내릴 수 있었다. 우리는 먼저 물을 구입하기 위해 마트로 향했다. 언제 어떤 상황이 벌어질지 모르기 때문에 배낭과 차 안에 물

을 가득 채워놓아야만 할 것 같았다. 체르니우치 시내
에선 대형 마트 몇몇 곳이 '운영은' 하고 있었다. 하지만
식료품으로 가득 차 있어야 할 매대는 대부분 텅 빈 상
태였다. 물, 우유, 밀가루, 치즈 등이 모두 한 가지 브랜
드로 통일돼 있었다. 세르게이는 "원래는 당연히 다양
한 브랜드의 음식을 팔았지만 전쟁이 시작된 뒤 처음 보
는 제조사의 제품으로 통일이 됐다"고 말했다. 이 모습
을 카메라에 담고 싶었지만 촬영은 허락되지 않았다. 식
료품 제조사 이름이 노출될 경우 제조 공장이 폭격을 받
을 수 있다는 이유 때문이었다.

다음으로는 유심칩을 구매하기 위해 휴대폰 가게로
향했다. 이러나저러나 우리에게 가장 중요한 임무 중 하
나는 이곳에서 촬영한 영상을 무사히 한국에 전송하는
것이었기 때문이다. 유심칩을 원하는 개수만큼 구매할
수 있는 한국과는 달리 전쟁 중인 우크라이나에서는 한
가게에서 한 사람당 두 개의 유심칩만 구매 가능하다는
제한이 있었다. 가게를 세 군데나 돌아다닌 끝에 방송에
필요한 개수에 맞게 유심칩을 살 수 있었다. 모든 상황
이 익숙지 않았지만 우려와 달리 우크라이나 안에서도
한국과의 통신은 원활하게 이뤄졌다.

×××

우크라이나에서의 첫 번째 공식 취재 일정은 로만 클리추크 체르니우치 시장과의 인터뷰였다. 우크라이나 입국이 확정되자마자 주우크라이나 대사관을 통해 시장 인터뷰를 요청했다. 세르게이가 중간에서 일정 조율을 해준 덕분에 입국한 첫날 한 시간의 인터뷰를 허락받을 수 있었다.

궁금한 게 많았다. 전시 상황에서 도시를 어떻게 운영하는지에 대한 행정적인 부분도 궁금했지만 그보다 더 궁금한 건 개인적인 영역이었다. 매일 어떤 생각으로 잠자리에 들고 일어나는지, 전쟁이 시작되고 감당해야만 하는 막대한 부담감을 어떤 방식으로 견디고 있는지가 궁금했다.

많은 궁금증을 안은 채 시청 문을 열었다. 바깥 날씨는 화창했지만 시청 안은 어두컴컴했다. 모든 창문이 신문지로 덮여 있는 탓에 햇살 한 줄기 들어오지 않았다. 전등도 대부분 꺼둔 상태였다. 이유는 두 가지였다. 전기 공급이 불안정해서 전기를 최대한 아껴 사용해야 하는 상황인 데다가 밤이 되면 전등 불빛이 러시아 폭격기의 표적이 될 위험이 있다고 했다. 복도에는 모래주머니가 쌓여 있었다. 혹시 모를 총격전에 대비하기 위해 쌓아둔 엄폐물이었다. 건물 전체에 담배 냄새가 짙게 배어 있었다. 24시간 이 건물에 머물고 있는 공무원과 군인들이 스트레스를 견디기 위해 수시로 담배를 태웠는데 창문이 막힌 탓에 환기가 제대로 되지 않았다. 시청이라기보단 부대 막사 안에 들어온 기분이었다. 실제로도 이곳은 체르니우치의 전쟁 지휘소 역할을 하고 있었다. 체르니우치에서 전투가 벌어지게 되면 러시아군의 첫 번째 표적은 이 건물이 될 터였다. 그래서인지 직원들의 표정뿐 아니라 건물 전체에 팽팽한 긴장감이 흐르고 있었다.

직원의 안내를 받아 인터뷰가 진행될 2층 소회의실로 갔다. 직원은 오전에 시작된 긴급회의가 생각보다 길어진다며 잠시 이곳에서 기다려달라고 말했다. 우리가 인터뷰를 위해 카메라 세팅을 하고 있을 때 다른 직원이 와서 회의실 한쪽에 걸려 있던 커다란 지도를 치웠다. 혹시 이 지도를 촬영했다면 반드시 지워달라는 말도 했다. 겉보기에는 별다른 표식이 없는 평범한 지도 같았는데, 직원은 이런 정보 하나하나가 러시아군에게 유리하게 활용될 수 있다며 결코 방송에 내보내선 안 된다고 말했다.

로만 시장은 약속 시간보다 30분 늦게 등장했다. 검

은색 티셔츠에 짙은 회색 재킷을 입고 있었다. 얼굴은 검붉은 색을 띠고 있었고 눈 밑에는 짙은 다크서클이 있었다. 반복되는 격무에 지친 얼굴이었다. 그는 나를 보자마자 악수를 청하며 인사를 건넸다. 맞잡은 손은 거칠고 두꺼웠으며 단단했다. 피곤한 기색이 역력했지만 눈동자에서는 단단한 결기 같은 게 느껴졌다.

인터뷰 내용 자체는 특별하지 않았다. 그는 대부분의 질문에 "군사비밀이라 말할 수 없다"고 답하며 앞서 지도를 치우던 직원과 똑같은 이유를 댔다. 아주 사소한 정보라도 러시아군에게는 중요하게 쓰일 수 있다는 것이었다.

로만 시장이 설명해 준 체르니우치의 가장 중요한 역할은 피란민 수용이었다. 모든 예산을 동원해 피란민들에게 필요한 의식주를 제공하고 있다고 말했다. 전쟁이 시작된 뒤 5만 명의 피란민들이 이곳에 왔고 그 숫자는 계속해서 빠르게 늘어나는 중이었다. 사실 도시가 감당할 수 있는 범위를 이미 훌쩍 넘겨버렸지만 그럼에도 불구하고 모든 수단과 방법을 동원해 버텨내고 있다고 말했다.

전쟁이 시작된 뒤 그는 단 한순간도 깊게 잠들 수 없었다고 말했다. 늘 긴장된 상태로 침대에 눕고, 새벽에

도 수시로 일어나 전쟁 상황을 확인한다고 말했다. 아마 이 긴장감은 전쟁이 끝나는 그 순간까지 계속될 것이며, 또 그래야만 하는 것이라고 덧붙였다.

인터뷰가 끝난 뒤 그는 내 눈을 바라보며 말했다. "이건 단순히 러시아와 우크라이나의 싸움만은 아닙니다. 우리의 가족, 친구, 동료 그리고 민주주의를 지키기 위한 일입니다. 제발, 제발 우리를 위해 힘을 모아주십시오."

아마 나처럼 평범한 사람은 평생 이런 부담감을 지닐 일이 없을 것이다. 어쩌면 로만 시장 본인도 우크라이나 남서부에 위치한 이 평화롭고 여유로운 도시의 시장직을 맡았을 때 이런 상황은 결코 상상해 본 적이 없었을 것이다. 짧은 인터뷰로 로만 시장이 도시를 얼마나 잘 지키고 있는지 속속들이 알기는 어려웠지만 이것 하나만큼은 확인할 수 있었다. 체르니우치에 극한 상황이 벌어지더라도 로만 시장은 결코 도시를 버리고 달아나지 않을 것이라는 믿음 말이다.

교실에선 소총 소리가 들리고

전쟁이 가장 극단적으로 바꿔놓은 곳 중 하나는 바로 학교였다. 과거라면 몰라도 지금은 21세기이니 전쟁 중이어도 학교만큼은 제 기능을 하고 있을 거라 생각했다. 열악한 상황이나마 칠판 앞에 옹기종기 모여 앉은 학생들의 모습을 상상했다. 하지만 교문에서부터 그 상상은 어긋나고 말았다. 범상치 않은 체격의 한 남성이 우리를 맞이했다. 어떤 과목을 가르치고 있느냐고 묻자 그는 "나는 선생님이 아니라 군인"이라고 말했다. 그러면서 "전쟁이 시작되고 이곳은 군사시설 겸 피란민 대피소로 쓰이고 있다"고 설명했다. 그는 때마침 교실에서 소총 교육이 진행 중이라며 자신을 따라오라고 했다.

교실 문을 열자마자 AK 소총을 들고 '엎드려쏴' 사격 자세를 취하고 있는 교관이 눈에 들어왔다. 교관이 소총을 장전할 때마다 철컥철컥 쇠 부딪치는 소리가 교실 안에 울려 퍼졌다. 훈련에 참가한 이들은 대다수가 여성들이었다. 총과는 거리가 멀어 보이는 인자한 얼굴의 중년 여성도 진지한 표정으로 훈련을 받고 있었다. 익명을 요구한 그녀는 자신의 아들이 돈바스 지역에서 싸우고 있다고 말했다. 그러면서 "나는 언제든 우리 가족을 지키기 위해 싸울 준비가 되어 있다"고 힘주어 말했다. 벽 중간중간 걸려 있는 알록달록한 그림만이 이곳이 한때 교실이었다는 사실을 말해주고 있었다.

바로 옆 교실에는 학생들이 모여 있었다. 수업은 중단됐지만 조국을 위해 무엇이라도 하고 싶다며 학교에 나온 학생들이었다. 학생들은 군인들이 전선에서 사용할 위장용 그물을 만들고 있었다. 당시 열일곱 살이던 디아나는 전쟁이 끝난 뒤 무엇을 가장 하고 싶냐는 질문에 "경제학을 공부하고 싶다"고 말했다. 예상치 못한 답변이었다. 왜 하필 경제학을 공부하려 하느냐고 묻자 "전쟁으로 나라의 모든 게 무너졌다"면서 "예전의 모습을 되찾기 위해선 먼저 경제가 활력을 되찾아야 하고 이를 위해 내 힘을 보태고 싶다"고 말했다. 디아나의 눈동자에서 어린 나이에 어울리지 않는 굳은 기개 같은 게 느껴졌다. 이 아이는 전쟁이 벌어지기 전에도 이런 생각을 하고 있었을까. 전쟁이 아이의 꿈마저 바꿔놓은 것 아닐까. 순간적으로 여러 가지 생각이 머릿속을 스쳤다. 그때 요란한 사이렌이 교실 전체에 울려 퍼졌다.

공습경보였다. 사이렌은 우크라이나 영공에 러시아 군용기가 진입했거나 미사일이 날아올 때 울린다. 누군가 대피소로 가야 한다고 소리쳤다. 급하게 인터뷰를 중단하고 학생들을 따라 지하 대피소로 내려갔다. 다행히도 이 학교에는 지하 대피소가 마련되어 있었다. 소련 시절 만들어진 뒤 수십 년간 닫혀 있던 대피소 문이 이번 전쟁으로 다시 열렸다고 한다.

계단을 따라 내려가니 군데군데 녹이 슨 두꺼운 철문이 보였다. 반쯤 열린 철문 사이로 들어갔다. 먼저 도착한 몇몇 사람들이 보였다. 이곳 지하 대피소에서는 통신이 완전히 두절되어 땅 위에서 어떤 상황이 벌어지고 있는지 전혀 알 방법이 없었다. 불안한 마음으로 사이렌 소리가 어서 멈추기만을 기다릴 뿐이었다. 우리가 대피소에 도착하고 2분 정도가 지났을까, 네 살배기 남자아이가 엄마 손을 잡고 대피소 안으로 들어왔다. 아이의 작고 통통한 엉덩이에는 흙이 묻어 있었다. 아마 조금 전까지 운동장에서 흙 놀이를 했던 모양이다. 한 손으로는 엄마 손을 꼭 잡고 다른 한 손으로는 들꽃 한 송이를 쥐고 있었다. 아이는 시무룩한 표정으로 바닥을 내려다

모두가 빠져나간 지하 대피소를 촬영 중인 이완근 기자.

보며 대피소 한편에 서 있었고 엄마는 안타까운 눈빛으로 그 모습을 바라보고 있었다.

약 30분 뒤 공습경보가 멈췄다. 사람들은 불안한 표정을 한 채 두리번거리며 하나둘 그곳을 빠져나갔다. 나와 이완근 기자는 모두가 떠난 대피소에 잠시 머물렀다. 어둡고 음침했다. 자욱한 먼지 탓에 가뜩이나 조도가 낮은 조명이 더욱 침침하게 느껴졌다. 복도를 따라 길게 뻗어 있는 대피소는 그 끝이 보이지 않았다.

다행히 대피소 바깥 풍경에는 큰 변화가 없었다. 이런 경우는 보통 러시아 군용기가 우크라이나 영공에 진입한 뒤 별다른 행동 없이 돌아간 것이라고 한다. 학교 취재를 마무리하고 다음 장소로 이동하려는 우리에게 교직원 한 분이 식사를 권했다. 괜한 수고를 끼치는 것 같아 한사코 거절했지만 그는 무척 간단한 식사라며 꼭 먹고 가라고 말했다. 계속되는 권유를 거절하는 것도 민망스러워 학교 급식소로 향했다. 배식원이 우리에게 으깬 감자와 다진 고기 그리고 따뜻한 보르시 한 그릇을 건네줬다. 보르시는 비트 뿌리를 넣고 끓여 붉은색을 띠는 우크라이나의 전통 수프이다. 비트 뿌리 외에는 들어가는 재료가 그때그때 달라지는데 이날은 버섯과 생선,

학교 급식소에서 제공해 준 점심 식사.
둥근 그릇 안에 담긴 수프가 우크라이나의 전통 음식 보르시다.

피망 등이 들어 있었다. 러시아는 2019년부터 본격적으로 보르시를 자신들의 음식이라고 주장했다고 한다.[*]
옆자리에서 식사를 하던 할머니 한 분께서 "우리 할머니도 보르시를 매일 먹어왔다"며 "러시아는 우크라이나 것이라면 뭐든지 빼앗아 가려 한다"고 말했다. 모든 우크라이나인들이 사랑한다는 보르시를 한 숟가락 떠먹었다. 큰 솥에 오래도록 푹 끓여낸 덕분일까, 우리나라의 육개장이 생각나는 깊고 진한 맛이었다. 아주 천천히 몸속으로 따뜻한 기운이 퍼져나갔다.

[*]   보르시는 우크라이나를 비롯해 러시아, 폴란드 등 동유럽 여러 국가에서 즐겨 먹는 수프이지만, 우크라이나에서 처음 만들어 먹기 시작해 주변 국가로까지 널리 퍼져나간 것으로 알려져 있다. 러시아의 주장은 이러한 통설을 뒤집기 위한 시도로 보인다.

책 읽던 교실서 '소총 교육' … 직접 본 우크라 실상은 – 2022년 3월 29일 뉴스

앵커   저희 JTBC 취재팀이 정부의 허가를 받고 어제(28일) 부터 우크라이나 현지에서 취재를 하고 있습니다. 우 크라이나 남서부의 체르니우치에 나가 있는 김민관 기자 연결하죠.

김민관 기자, 직접 가서 본 현지 상황은 어떻습니까?

기자   제가 지금 서 있는 곳은 우크라이나 남서부에 위치 한 도시 체르니우치입니다. 이곳은 평소 인구 25만 명 규모의 도시지만, 지금은 우크라이나 전역에서 몰 려온 피란민 5만여 명이 함께 생활하고 있습니다. 보 시는 것처럼 도시의 겉모습, 비교적 차분한 모습입니 다. 하지만 어제와 오늘 저희가 도시 안으로 한 걸음 더 들어가 마주한 모습은 24시간이 긴장의 연속이었 습니다. JTBC 카메라에 담아온 체르니우치의 모습, 잠시 보겠습니다.

외교부로부터 예외적 여권 사용 허가를 얻은 저희 취 재진은 이른 새벽 루마니아 국경검문소에 도착했습니다. 무장 군인에게 여권 검사를 받은 뒤 우크라이나 국경 안으로 들어섰습니다. 겉모습은 평화로워 보였지만, 체르니우치로 들어갈수록 긴장의 연속이었습니다.

아이들이 책을 읽어야 할 교실 안에선 교관이 AK 소총 사용법을 가르칩니다. 옆 교실에선 화생방전에 대비하는 응급처치 교육이 한창입니다.

디아나(고등학생) 우리는 조국을 위해 학교에서 자원봉사를 하고 있습니다. 위장용 그물 같은 군사용품을 만드는 데 일손을 보태고 있습니다.

기사 인터뷰 도중 갑자기 비상 대피 경보가 울렸습니다. 저희가 학교에서 인터뷰를 진행하는 동안 체르니우치 전역에 비상 대피 경보가 내려졌습니다. 경보가 울리게 되면 시민들은 이렇게 방공호로 내려와 경보가 끝날 때까지 대기해야 합니다.

아름다운 조형물을 만들던 대장장이는 이제 적의 탱크를 막기 위한 장애물을 만듭니다.

이고르 · 안드레이(대장장이) 우리는 대장장이로서 군인들을 위해 할 수 있는 일을 하고 있습니다. 조국을 위해 각자가 자신의 위치에서 최선을 다해야 합니다.

기자 기름값은 두 배 가까이 뛰었고, 식료품점은 텅 비었습니다. 시민들은 평범한 일상을 빼앗겼습니다. 해가 지면 도시 중심부도 이렇게 정적에 잠깁니다. 시민들은 통행금지 시간인 밤 10시가 되기 전 모두 집으로 돌아갑니다. 밤 10시가 되면 도시의 모든 가로등이 꺼집니다. 시민들은 큰 탈 없이 다시 아침이 오길 바라며 잠자리에 듭니다.

앵커 얼마나 긴박한 상황인지가 그대로 담겨 있네요. 그러면, 전쟁 상황이나 평화 협상 상황은 지금 어떻습니까?

기자 우크라이나와 러시아는 오늘(29일) 터키에서 5번째 평화 회담을 진행합니다. 회담을 앞두고 젤렌스키 우크라이나 대통령은 "분리 독립을 선언한 돈바스 지역 영토 문제*를 논의할 수 있다" 이렇게 밝히기도 했습니다. 이런 가운데, 구테흐스 유엔 사무총장은 어제 유엔 본부에서 "두 국가 간에 진지한 정치적 협

상이 이뤄지고 있다"면서 "하루빨리 인도주의적 휴

전을 이뤄내길 바란다"고 밝혔습니다.

＊ 우크라이나 전쟁의 주요 교전지인 돈바스는 우크라이나 동부의
루한스크주와 도네츠크주 일대를 포괄해 가리키는 지명으로, 이
지역에서는 2014년부터 분리 독립을 선언한 친러시아파 반정부
세력과 정부 사이에 갈등이 이어져 왔다. 2022년 2월 러시아의
푸틴 대통령이 돈바스 지역의 분리 독립을 승인하면서 우크라이
나 전쟁이 가속화되었다.

바리케이드를 만드는 조각가

학교에서 나와 우리가 향한 곳은 조각가들의 작업실이었다. 금속으로 아름다운 조각들을 만들던 곳이지만 전쟁이 시작된 뒤로는 조각 대신 매일 수십 개의 바리케이드를 만들고 있다고 했다. 전면전이 격화되기 직전, 많은 전문가들의 예상과 달리 러시아군은 재래식 무기를 동원해 우크라이나를 침공했다. 첨단 미사일이나 드론 대신 탱크와 장갑차를 이용해 우크라이나를 공격한 것이다. 이들을 막기 위해선 수천 개의 단단한 바리케이드가 필요했다. 하지만 우크라이나의 모든 공장들은 군수물자를 만들어내느라 과부하가 걸린 상태였다. 바리케이드까지 따로 생산할 여력은 없었다. 그러던 중 이 소식을 들은 체르니우치의 두 조각가가 자신들에게 그 일을 맡겨달라며 두 팔을 걷어붙였다. 전쟁이 예술가를 대장장이로 바꿔놓은 것이다.

차를 타고 도시 외곽으로 약 20분가량 달리니 단단한 철문이 하나 나왔다. 버저를 누르고 잠시 기다렸다. 문이 열리자 푸른 잔디밭이 펼쳐졌고 그 끝에 고풍스러운 주택 한 채가 자리 잡고 있었다. 책 속에서나 보던 예술가의 아틀리에 그 자체였다. 카메라에 이 모습을 담고 싶었지만 이제 이곳에서도 전쟁에 필요한 물자를 만드는 만큼 외부 촬영은 엄격히 제한됐다.

잠시 뒤 똑 닮은 모습의 두 사내가 건물 밖으로 나왔다. 어깨는 떡 벌어져 있었고 몸통은 드럼통처럼 두꺼웠다. 이곳의 주인 이고르와 안드레이였다. 두 사내는 그을음이 잔뜩 묻은 장갑을 벗고 우리에게 악수를 청했다. 마주 잡은 손도 솥뚜껑처럼 단단하고 두꺼웠다. 위협적인(?) 모습과 달리 두 사람 모두 무척이나 맑고 투명한 푸른 눈을 가지고 있었다. "우크라이나를 위해 위험을 무릅쓰고 온 당신들에게 깊은 감사를 표한다"며 호탕한 웃음을 보였다.

안내를 받아 작업실 안으로 들어갔다. 이고르와 안드레이는 우리에게 잠시 기다리라고 말한 뒤 두꺼운 철근 몇 개를 작업대 위로 날랐다. 그러고는 철근을 교차시켜 용접 기구로 접합하기를 반복했다. 바리케이드를 만드는 작업이었다. 사방으로 뜨거운 불꽃이 튀었다. 두 사내는 불꽃을 맞으며 작업을 이어갔다. 10분이 지났을까, 바리케이드 하나가 그 자리에서 뚝딱 만들어졌다. 막 만들어진 바리케이드에선 계속해서 뜨거운 열기가 뿜어져 나왔다. 이렇게 만들어진 바리케이드는 대부분 수도인 키이우와 주요 교전 지역인 돈바스로 보내진다고 했다. 그곳에서 무자비하게 진격해 오는 러시아 탱크를 막아주었다.

이고르는 바리케이드를 만들며 "다만 나의 일을 하고 있을 뿐"이라고 말했다. "전쟁이 벌어졌으니 모두가 각자의 자리에서 조국을 위해 할 수 있는 일을 해야 한다고 생각합니다. 나는 총을 쏠 줄은 모릅니다. 하지만 이렇게 내 기술을 이용해서 장애물들을 만들 수는 있습니다. 내가 하는 일이 대단한 건 아니지만 조국에 조금이라도 도움이 된다면 기꺼이 할 것입니다."

인터뷰를 마칠 때쯤 바리케이드에서 나오던 연기가 모두 가라앉았다. 그때에야 비로소 연기에 가려져 있던 뒤쪽 벽의 철제 장식이 내 눈에 들어왔다. 투박하고 거친 바리케이드와 극단적으로 대비되는 정교하고 부드러운 문양이었다. "이게 당신들이 숨기고 있던 진짜 재능이었냐"고 묻자 이고르가 환한 미소와 함께 책상 서랍에서 스케치북 하나를 꺼내왔다.

바리케이드를 만드는 이고르와 안드레이. 뒤쪽 벽에 걸려 있는
아름다운 문양의 철제 장식은 그들이 직접 만든 작품이다.

　그 안에는 섬세하고 아름다운 그림들이 가득했다.
전쟁이 시작되기 전 고객들에게 의뢰받은 작품들의 도
안이었다. 이고르는 다부진 손으로 스케치북을 한 장 한
장 넘기며 각각의 도안에 대해 설명해 주었다. 레스토랑
에 설치될 나선형 계단과 테이블, 유치원 마당에 놓아둘
조각들… 전쟁이 시작되고 모든 것은 멈췄다. 끝을 가늠
할 수 없는 기다림 속에서도 이고르는 아끼는 물건을 다
루듯 조심스러운 손길로 도안을 살폈다. 도안을 어루만
지던 그의 손끝이 마음에 남는다. 나는 스케치북 속 그

림들이 도안으로만 남겨지지 않길 간절히 바랐다. 그리 멀지 않은 미래에 두 사람이 바리케이드가 아닌, 아름다운 작품들을 만들던 본래의 모습으로 되돌아갈 수 있기를 진심으로 바랐다.

밤 10시, 모든 가로등이 꺼질 때

조각가들의 작업실 취재를 마무리하니 하늘이 조금씩
어두워지기 시작했다. 시계를 보니 어느덧 저녁 7시였
다. 12시간 넘게 쉬지 않고 움직인 셈이었다. 평소 같으
면 취재를 마무리해야 할 상황이었지만 우리에게 주어
진 시간은 3일뿐이었다. 전쟁이 사람들의 저녁을 어떻
게 바꾸어놓았는지 취재하기 위해 체르니우치 중심가
로 서둘러 돌아갔다.

거리는 말 그대로 텅 비어 있었다. 세르게이는 평소
같으면 카페테라스에서 맥주나 와인을 마시는 사람들
로 거리가 떠들썩할 시간이지만 전쟁이 시작된 뒤로 모
든 밤 문화가 사라졌다고 말했다. 이른 저녁인데도 가게
3분의 2가 문을 닫은 상태였고, 영업 중인 가게 안에서
도 사람들을 찾아보긴 힘들었다. 도시 전체가 숨죽이고
웅크려 있는 듯했다. 거리를 걷다 보니 조금 전 만난 이

텅 빈 체르니우치의 전경.

고르와 안드레이가 만든 조각상이 눈에 띄었다. 한 청소부가 빗자루를 들고 서 있는 형상이었는데, 빗자루의 쓰는 부분이 장미 꽃다발로 되어 있어 특이했다. 이 조각상은 체르니우치 거리의 상징 중 하나라고 했다. 이 거리에서 유일하게 발견할 수 있었던 반가운 모습이었다.

밤 9시가 가까워지자 간간이 보였던 사람들마저 모두 사라졌다. 거리에는 이제 우리 취재팀만 남아 있었다. 어두운 밤거리를 배경으로 뉴스 마지막에 들어갈 간단한 '스탠드업 멘트'를 촬영하기로 했다. "해가 지면 도시 중심부도 이렇게 정적에 잠깁니다. 시민들은 통행금지 시간인 밤 10시가 되기 전 모두 집으로 돌아갑니

체르니우치 거리에 있던 이고르와 안드레이의 조각상.

다"라는 짤막한 문장이었다.

평소라면 5분 안에 끝낼 촬영이었다. 하지만 체르니우치 가로등의 조도가 너무 낮아 적당한 장소를 찾기가 어려웠고, 장소를 찾은 다음에는 찬 바람 때문인지 왠지 모를 긴장감이 들어 두 번이나 문장을 버벅거리며 엔지를 냈다.

그때 어둠 속에서 한 남성이 불쑥 나타났다. 심각한 표정으로 우리에게 따지듯 말을 걸었다. 우크라이나어로 말을 한 탓에 한 마디도 알아들을 순 없었지만 표정과 태도에 경계심이 가득 배어 있었다. 촬영 때문에 멀찍이 떨어져 있던 세르게이가 다가와 이 정체불명의 남성과 이야기를 했다. 1분 정도 대화를 나눈 끝에 남성은 어깨를 한 번 으쓱인 뒤 다시 어둠 속으로 사라졌다.

이 정체불명의 남성은 사복 경찰이 아닌 체르니우치에 살고 있는 평범한 시민이었다. 집 앞에 처음 보는 사람들이 계속 돌아다니는 걸 보고는 스파이가 아닐까 의

체르니우치의 밤거리를 촬영하는 이완근 기자.
주민들 눈에는 수상해 보일 수밖에 없었을 것 같다.

심이 돼 나온 것이라고 했다. 서로가 서로를 경계하고 감시하는 모습. 이것이 전쟁이 바꿔놓은 체르니우치의 풍경이었다.

×××

촬영을 마무리한 후 시계를 보니 오후 9시 30분을 지나고 있었다. 통금 시간이 가까웠다. 세르게이는 나와 이완근 기자를 호텔 앞에 데려다주자마자 서둘러 집으로 향했다. 폴란드의 프셰미실과 마찬가지로 체르니우치도 우크라이나 전역에서 몰려온 피란민들로 숙박 시설 대부분이 만실이었다. 세르게이가 전화로 수소문해 준 끝에 체르니우치에 딱 하나 남아 있던 호텔 방을 찾을 수 있었다. 숙박비를 계산하려고 프런트의 직원에게 카드를 내밀자 직원은 현금만 가능하다고 했다. 몇 달러냐고 물어보니 우크라이나 돈인 흐리우냐만 받는다고 했다. 주머니 속에 달러밖에 없었기 때문에 일종의 어음 같은 서류에 사인을 한 뒤 호텔 열쇠를 건네받을 수 있었다. 직원은 전쟁 때문에 침구류 교체와 청소는 불가능하다고 설명했다. 나 역시 전혀 기대하지 않았던 서비스였기에 알겠다고 대답한 뒤 이완근 기자와 방으로 올라갔다.

15분 뒤인 9시 45분경 드디어 호텔 방 안에 도착했다. 4층인 그 방 안에는 자그마한 발코니가 있었다. 발코니로 나가면 낮은 건물이 대부분인 체르니우치 시내가 한눈에 들어왔다. 이 모습을 본 이완근 기자가 갑자기 카메라를 꺼내 세팅하기 시작했다. 밤 10시에 시내의 모든 불빛이 한꺼번에 꺼지는 모습을 촬영하고 싶다고 말했다. 온몸이 지칠 대로 지친 상황에서도 그는 끝까지 집중력을 잃지 않고 있었다. 이 한 컷으로 체르니우치의 밤을 보여줄 수 있을 것 같다는 말에 나도 함께했다. 우리는 서둘러 발코니에 삼각대를 펼치고 카메라를 마저 세팅했다. 그리고 10시가 되기만을 기다리고 있었다.

'쾅쾅쾅'. 그 순간 누군가가 우리 방문을 강하게 두드렸다. 갑작스러운 큰 소리에 화들짝 놀랐다. 문을 열기 전 누구냐고 물어봤다. 그러자 밖에서는 문을 계속 두드리며 창문을 당장 닫으라고 소리쳤다. 방문을 열자 호텔 지배인으로 보이는 남성이 심각한 표정으로 서 있었다. 카메라가 놓인 발코니 쪽 창문을 가리키며 당장 다 치우고 불을 끈 뒤 커튼을 치라고 말했다. 그러고는 우리를 지나쳐 옆방 문을 두드리기 시작했다. 그때서야 발코니에 세팅된 카메라가 밖에서는 마치 총처럼 보일 수 있겠다는 생각이 들었다. 재빨리 카메라를 치우고 방 안의 모든 불을 끈 뒤 커튼까지 쳤다. 아쉽지만 스마트폰을 이용해 커튼 사이로 체르니우치의 모습을 담기로 했다.

밤 10시가 되자 정말 거리의 가로등을 비롯해 시내의 모든 불빛이 한 번에 꺼졌다. 완벽한 어둠이 도시에 찾아왔다. 그 어떤 소리도 들리지 않은 오롯한 침묵 또한 따라왔다. 내가 모르던 전쟁의 소리 중 한 부분은 완벽한 정적이었다. 정적 속에서 눈을 감자 바쁜 일정으로 잊고 있었던 두려움이 고개를 들었다. 혹시라도 미사일이 떨어지면 어떻게 대피해야 하지, 갑자기 도시가 봉쇄되면 누구에게 가장 먼저 연락을 해야 하지… 걱정이 꼬리에 꼬리를 물고 이어졌다. 억지로 잠을 청하려 했지만 좀처럼 잠이 오지 않았다. 그렇게 한 시간이 지났을까, 두 시간이 지났을까. 갑자기 무거운 정적을 찢으며 공습을 알리는 사이렌 소리가 울렸다. 급하게 창문으로 다가가 커튼 틈으로 밖을 살짝 내다보았다. 날카로운 소리가 귓전에서 계속되는 동안에도 도시는 여전히 깊은 어둠에 잠겨 있었고 아무런 움직임도 보이지 않았다. 호텔 안에서도 방 밖을 나오거나 하는 등의 어떤 기척도 느껴지지 않았다. 모두가 꼼짝 못 하고 얼어붙어 있는 듯했다. 침대로 돌아가 사이렌이 그치기만을 기다렸다. 그날 밤 사이렌은 총 네 번 울렸다 그쳤다를 반복했다. 그때 마다 선잠에서 깨어나 창문 너머를 살핀 후 어서 이 밤이 지나가기를 기도했다. 어둠이 물러나고 동틀 무렵이 되어서야 불안한 마음을 조금 내려놓을 수 있었다. 통금이 풀리는 새벽 6시가 되자마자 찬물로 샤워를 하고 호텔을 빠져나왔다.

전쟁이 끝난다고 해도
그 이전의 삶은 돌아오지 않는다

사실 세 달 뒤에 찾아간 수도 키이우와 비교하면 이때의 체르니우치는 비교적 평상시의 모습을 하고 있었다. 도시 곳곳에 바리케이드가 놓여 있고 창문은 신문지로 덮여 있었지만 폭격을 맞아 무너지거나 깨진 곳은 없었다. 전쟁이 막 시작된 시기였기에 이곳에 온 피란민들도 대부분 아직 사랑하는 이를 잃기 전이었다. 그렇기 때문에 보고 듣고 기록할 것들이 그리 많지는 않았다.

하지만 글과 영상으로 담아낼 수 없던 도시의 분위기는 머릿속에 선명하게 남아 있다. 폭격으로 초토화된 키이우에서는 절망과 체념이 흐르고 있었다면 체르니우치에선 언제 어떤 방식으로 죽음이 들이닥칠지 모른다는 극도의 불안감이 도시 전체를 감싸고 있었다. 그래서인지 이후 키이우에서 보낸 2주보다 체르니우치에 머물렀던 3일이라는 짧은 시간이 심리적으로 더욱 버겁게 느껴졌다. 처음 가본 낯선 땅에서 '얘기가 되는' 기삿거리를 건져내야 한다는 압박감과 함께 체르니우치 사람들이 느끼는 불안감까지 고스란히 전해져 왔다. 언제라도 내 위로 미사일이 떨어질 수 있다는 생각에 불을 끄고 침대에 누워도 편히 쉴 수가 없었다. 한낮에 공원 벤치에 앉아 있다가도 공습경보가 울리면 방공호나 대피소를 찾아 달려가야 했다. 선명하게 떠오른 죽음에 대한 공포가 일상을 몽땅 잠식해 무너뜨려 버리는 것이다. 이곳 사람들 모두가 아침이 되면 학교나 직장에 가고 가끔은 분위기 좋은 곳에서 외식도 하고 저녁 무렵엔 산책도 하는, 별것 아니지만 살아가는 데 꼭 필요한 순간들을 빼앗긴 채 가슴을 짓누르는 두려움을 견디며 매일매일을 버티듯이 지내고 있었다. 불과 한 달 전까지만 해도 평화로운 삶의 터전이었을 이곳에서….

2박 3일간 마음속에선 이 땅을 빨리 벗어나고 싶다는 생각과 이곳에 더 오래 남아 취재를 계속하고 싶다는 생각이 끊임없이 부딪쳤다. 그러나 마음속의 충돌과 상관없이 시간은 정해진 속도대로 흘러갔고 어느덧 우크라이나를 떠날 시간이 됐다.

처음 들어왔던 시레트 국경검문소 앞에서 세르게이와 작별 인사를 나눴다. 그에게 "전쟁이 끝난 뒤 이곳에서 시원한 맥주 한 잔을 같이 하자"고 말한 뒤 검문소를 통과했다. 이날도 수십 명의 피란민들이 우크라이나를 빠져나가고 있었다. 그 행렬 사이에 서 있을 때 나도 모르게 긴 안도의 한숨을 내쉬었다. 그러고는 주위 사람들에게 미안한 마음이 들어 고개를 푹 숙인 채 검문소를 빠져나왔다.

내 두 발이 모두 루마니아 땅을 디디게 되었을 때 뒤를 돌아보았다. 방금 내가 지나온 국경의 안쪽은 삶보다 죽음이 더 가까운 곳이었다. 죽음이 마치 그림자처럼 발치에 바싹 달라붙어 있는 듯했다. 죽음이 그렇게까지 가까워지는 순간을 한 번 경험하고 나니, 그 이전의 내가 무척 멀고 낯선 존재처럼 느껴졌다. 잠깐 머물렀던 나조차 이렇다면 내가 그동안 만났던 사람들과 내 주위를 지나가는 이 많은 피란민들은 어떨까. 설령 이 전쟁이 끝난다고 해도 이들이 전쟁 이전의 삶으로 말끔하게 돌아가기는 어려울 거란 생각에 마음이 한없이 가라앉았다. 취재의 뒷맛이 너무나 썼다.

7월

털어내지 못한 우크라이나의 기억

기자들은 기사를 '썼다'라는 표현 대신 '털었다'는 표현을 자주 쓰곤 한다(통계를 내보지는 않았지만 나와 동료들 대부분은 그렇다). 습관적으로 쓰는 말이지만 이 말이 어떻게 생겨났는지 정확히 아는 사람은 없다. 다만 내가 추측하기론 기자가 일하는 방식에서 비롯된 게 아닐까 싶다.

과장을 좀 보탠다면 기자는 매일매일 자신이 오늘 무엇을 취재할지 모르는 채로 눈을 뜬다. 불이 나면 화재 현장으로, 붕괴 사고가 나면 사고 현장으로, 살인 사건이 발생하면 사건 현장으로 달려가야 한다. 사건 사고를 전담으로 취재하는 사회부 기자에게만 해당되는 말은 아니다.

5년간 사회부 기자로 활동한 뒤 주요 출입처를 국방부로 옮겼지만 패턴은 크게 바뀌지 않았다. 어제까지 모든 언론이 북한이 쏜 탄도미사일에 집중하다가도 오늘 새벽 철책을 뛰어넘어 온 탈북자의 등장에 미사일 위협은 단번에 잊힌다. 그러다 보면 모 부대에서 성폭행 사건이 발생하고 어느새 탈북자가 뒷전으로 밀려나 버린다. 늘 이런 식이다. 어느 정도 기사로 다뤄진 사건은 더 이상 '뉴스News'가 아니게 된다.

무책임한 언론의 속성이지만 한편으론 어쩔 수 없는 일이기도 하다. 사건이 쉬지도 않고 끊임없이 생겨나는 세상이다. 지나간 사건을 과감히 '털어내' 버리지 않는다면 과부하가 걸려 새로운 사건을 취재하는 데 애를 먹을 수밖에 없다. 업무 차원에서나 내 머릿속에서나 다 털어내야 다음 사건으로 갈 수 있었다. 8년 가까이 기자 생활을 하며 그래야만 하는 상황을 무수히 접했고 어느 순간 조금씩 그 방법을 체득하게 됐다. 잘된 일인지 잘못된 일인지는 모르겠지만 여하튼 근무 패턴에 꽤 익숙해져 갔다.

그러나 이상하게도 우크라이나는 좀처럼 털어내지지가 않는 현장이었다. 귀국을 한 지 한 주가 지나고 두 주가 지나고 한 달이 다 되어가도록 머리 한구석에선 우크라이나에 대한 생각이 떠나지 않았다. 도대체 무엇 때문일까. 나 스스로도 정확한 이유는 알지 못한다. 다만 한국에 돌아와 며칠 뒤 접한 충격적인 소식 때문이 아닐까 싶다.

4월 초 우크라이나 수도 키이우의 위성도시인 부차에서 450여 구의 시신이 발견됐다. 대부분이 민간인이었던 그 시신들에는 고문의 흔적이 남아 있었다고 한다. 체르니우치와 폴란드의 메디카 국경검문소에서 만난 이들의 얼굴이 떠올랐다. 부차에서 발견된 시신 중에 내가 만난 이들의 가족이나 친구가 있을지도 모른다는 생각이 들었다. 그다음에 이어질 슬픔의 밀도는 나로선 감히 헤아릴 수조차 없었다.

죽은 사람들과 남은 사람들에 대해 생각할수록 우크라이나에 대한 나의 감정은 점점 더 깊어졌다. 고백하자면 첫 번째 출장을 준비하면서는 전쟁에 어쩌면 조금은 낭만적인 부분이 있을 거라 생각했다. 우크라이나에 가기 전 내 머릿속에서 전쟁은 군인의 얼굴을 하고 있었다. 조국을 위해 목숨을 바쳐 싸우는 군인들, 국민들을 한마음으로 뭉치게 하는 지도자의 연설, 빼앗긴 도시를 되찾을 때의 영광… 할리우드식 전쟁 영화나 역사책에서 보던 장면들이 자리 잡고 있던 것이다.

군인의 얼굴을 한 전쟁에선 승자와 패자의 구별이 뚜렷했고, 명분과 목적이 명확했다. 전쟁은 반드시 승리로 이끌어야 하는 싸움이었으며 그 과정에서의 희생은 숭고하고 어찌 보면 당연한 것이었다. 영화와 글로 배운 전쟁은 그런 것이었다. 하지만 현장에서 마주한 전쟁은 그런 모습이 아니었다. 전쟁에 휘말린 절대다수의 사람들은 소박하고 평범하게 하루하루를 살아가던 이들이었다. 전쟁의 목적과 명분은 이들에겐 먼 이야기였다. 하지만 갑작스럽게 시작된 전쟁으로 인해 삶의 터전은 생존의 현장으로 바뀌었다. 도시는 마비되었으며 편히 잠들고 먹는, 아주 기본적인 일상을 영위하는 것조차 사치가 되었다. 영문도 모른 채 누군가는 사랑하는 가족을, 누군가는 연인을, 누군가는 친구를 잃었다.

이 거대한 슬픔을 불가피한 것으로 정당화해 줄 대의명분이 존재할 수 있을까. 전쟁에서 승리한다고 무너져 버린 개개인의 삶이 다시 일어설 수 있을까. 사실상 전쟁에서 승리라는 개념 자체가 존재할 수 있는 것일까.

미국의 바이든 대통령은 이번 전쟁을 자유민주주의를 지키기 위한 전쟁이라고 역설했다. 젤렌스키 대통령은 끝까지 타협하지 않고 반드시 승리하겠다고 말했다. 이 말들을 결코 깎아내리려는 건 아니다. 다만 현장 곳곳에서 마주한 슬픔들은 이들이 말하는 다소 추상적인 전쟁의 가치를 내 머릿속에서 모두 지워버렸다. 도대체 이 상황을 어떻게 받아들여야 할지 혼란스러운 상태로 약 4주간의 취재를 이어갔다. 취재가 마무리됐지만 여전히 머릿속은 메디카 국경검문소와 체르니우치의 잔상으로 가득했다.

같은 시기, 우크라이나 전쟁에 대한 사람들의 관심은 점점 식어갔다. 국내외 언론 모두 경쟁적으로 쏟아내던 기사의 수가 눈에 띄게 줄고 있었다. 완전히는 아니지만 천천히 우크라이나 전쟁을 털어내기 시작한 것이다. 보도되는 내용 또한 사망자 00명, 부상자 00명이라는 숫자들로 단순화돼 전달되는 경우가 많았다. 하지만 그때마다 나는 수치 대신 숫자 하나하나를, 그 숫자가 가리키는 한 명 한 명의 사람들을 생각하게 되었다.

나의 두 번째 우크라이나 출장은 그 무렵 결정됐다. 전쟁이 시작된 지 다섯 달 만에 외교부가 취재진에 한해 수도인 키이우까지의 접근을 허락했다. 회사 입장에서 우크라이나 출장은 그리 쉬운 결정이 아니었을 거라고 생각한다. 냉정하게 말하면 기사의 가치는 첫 번째 출장 때보다 크게 떨어져 있었다. 하지만 투입해야 하는 비용은 그대로였으며 무엇보다 취재진의 안전도 보장할 수 없는 상황이었다. '그럼에도 불구하고' 회사는 우크라이나 출장을 결정했다. '그럼에도 불구하고' 꼭 가야만 하는 현장이라고 판단한 것이다.

부서장은 "전쟁에 대한 관심이 줄어든 건 사실이지만 우리가 다뤄야만 하고 우리만 다룰 수 있는 이야기는 더욱 많아졌을 것이다. 시간에 쫓기지 말고 그런 이야기들을 취재해 달라"고 말했다. 감사한 조언이었다.

×××

출국 직전 키이우에 미사일이 떨어졌다는 뉴스 속보를 접했다. 38일간 잠잠했던 키이우에 다시 공격이 시작된 것이다. 괜한 불안감만 커질 것 같아 뉴스를 자세히 보진 않았다. 하지만 본능적으로 알 수 있었다. 이번에 가게 될 키이우는 지난번에 갔던 체르니우치보다 훨씬 더 위험한 곳이라는 걸.

우크라이나에 다시 출장을 가게 되었다고 하자 주변 사람들은 도대체 그 위험한 곳에 왜 또 가느냐고 물었다. 회사에서 너에게 협박이라도 한 거냐고 묻는 이들도 있었다. 나 스스로도 문득 궁금해졌다. 도대체 내가 왜 가겠다고 했을까. 누가 강요한 게 아니라 스스로 내린 결정이었다. 그저 내가 가는 게 자연스럽다고 할 정도로 당연하게 느껴졌다. 기자로서의 사명감 같은 거창한 이유는 결코 아니다. 평소 스스로를 사명감이 투철한 편이라고 여기지는 않았다. 두려움을 크게 느끼지 않는 강심장인 것도 아니다. 두 번째 출장이 결정된 순간부터 매일 밤 미사일이 날아오는 악몽을 꿀 만큼 무서웠다. 그럼에도 불구하고 가는 걸 취소해야겠다는 생각은 들지 않았다. 첫 번째 출장이 남긴 잔상과 여러 가지 감정이 종합적으로 뒤엉켜 내린 결정이었겠지만, 가장 큰 이유는 풀리지 않는 의문 때문이었다. 처음 우크라이나에서 마주한 장면 장면은 너무나도 초현실적이었다. 텅 빈 중심가나 지하 대피소로 뛰어가는 사람들, 통금 시간이 되자 모든 빛이 사라지는 도시… 모든 장면이 내 머리로는 도무지 이해할 수 없는 것들이었다. 평화와 풍요의 시대라는 21세기에 도대체 왜 이런 일들이 일어날 수가 있었던 건지, 지금 이 순간에는 어떤 일이 일어나고 있으며 그 끝은 어떤 모습일지 알고 싶었다.

두 번째 출장은 김재식 영상취재기자와 함께하기로 결정됐다. 이완근 기자와 마찬가지로 뛰어난 실력과 훌륭한 인품을 지닌 선배였다. 취재기자 입장에서는 무척이나 행운이었다. 우리는 방탄조끼와 방탄헬멧을 챙겨 비행기에 올랐다. 첫 번째 출장에서 돌아온 지 세 달 만이었다.

다시 우크라이나로

다시 폴란드 메디카 국경검문소였다. 지난 3월에는 체르니우치와 인접한 루마니아 시레트 국경검문소를 통해 우크라이나에 들어갔지만 이번에는 키이우까지의 이동 동선 등을 고려해 메디카 검문소를 이용하기로 결정했다.

메디카 검문소의 풍경은 지난번과 사뭇 달라져 있었다. 뼛속을 파고들던 칼바람은 사라지고 7월의 뜨거운 태양이 떠 있었다. 무엇보다 검문소 주변을 가득 메우던 사람들이 모두 사라졌다. 끝없이 이어지던 피란민 행렬도 없었고 그들에게 음식과 물건을 나눠주던 자원봉사자들도 보이지 않았다. 전쟁이 다섯 달째 계속되면서 이제 피란을 떠날 사람들은 다 떠나고 우크라이나 안에는 남을 사람들만 남은 것 같았다. 그리고 우리는 남아 있는 사람들을 만나기 위해 2주간 키이우에 머물 계획이

지난번과 달리 텅 빈 메디카 국경검문소.

었다. 2주 분량의 짐을 챙겨야 했기에 앞서 우크라이나 국경을 넘었을 때보다 여행용 가방 하나가 더 늘어 있었다. 몸도 마음도 조금은 더 무거워진 기분이었다.

우크라이나 입국 심사는 까다롭지 않았다. 이번에도 무장한 군인들이 검문소를 지키고 있었다. 미리 우크라이나 정부로부터 발급받은 취재허가서와 우리 외교부로터 발급받은 특별여권을 제출했다. 군인이 입국의 목적과 행선지를 물어봤다. 나는 우크라이나 전쟁을 취재하기 위해 키이우 지역을 방문한다고 말했다. 군인은 별말 없이 내 얼굴을 잠시 바라보더니 '굿 럭'이라고 말하며 여권에 입국 허가 도장을 쾅 찍어주었다. 지난번과 크게 다를 것 없는 반응이었다.

검문소 앞에서 반가운 얼굴과 재회했다. 세르게이는 손을 흔들며 "전쟁이 끝나지도 않았는데 왜 벌써 왔느냐"며 내 어깨를 툭 쳤다. 지난 3월, 우크라이나 국경에서 헤어지며 우리는 "전쟁이 곧 끝날 테니 웃으며 다시 만나자"고 인사를 나누었다. 세르게이는 키이우에 들어가기로 한 계획이 그대로인지를 한 번 더 물었다. 폭격 때문이었다. 그는 키이우에 머물던 외신들도 후방 지역인 르비우로 빠져나오고 있는 상황이라고 설명했다.

여러 생각이 머릿속을 스쳤다. '비록 위험한 상황이 펼쳐질지도 모르지만 최대한 안전에 유의하며 키이우에 들어가겠다. 혹시라도 위급한 상황이 생기면 바로바로 말을 해달라'라고 말하고 싶었지만 짧게 "노 프로블럼(아무 문제 없다)"이라고 답하고 차에 올랐다.

우리는 먼저 르비우에서 하루 동안 머무르며 장비를 점검하고 시차 적응을 한 후 키이우로 떠나기로 했다. 체르니우치에서와 마찬가지로 유심칩을 구매한 뒤 라이브 방송 테스트를 실시했다. 장비에 이상은 없었다. 점검을 마치자마자 숙소를 나와 르비우 시내를 향해 걸었다. 전쟁이 막 시작됐던 지난 3월과 얼마나 달라졌을

지 궁금했다.

결론부터 말하면 겉보기에는 지난번과 다르게 무척이나 평화로웠다. 화창한 여름 날씨가 이어진 덕분에 하늘은 투명했고 중간중간 뭉게구름이 피어 있었다. 강렬한 햇살 때문에 기온은 최대 38도까지 올라갔지만 습도가 낮아 불쾌한 기분은 전혀 들지 않았다. 사람들은 여유로운 표정으로 유럽의 한낮을 만끽했다.

무엇보다 환하게 웃는 아이들의 모습을 여기저기서 볼 수 있었다. 르비우 중심가에 위치한 오페라하우스 앞 분수대에서는 아이들이 수영복만 입은 채 물을 맞으며 뛰어놀고 있었다. 근처에 선 부모들은 흐뭇한 미소를 지으며 그 모습을 지켜봤다.

우크라이나 서쪽 끝에 위치한 르비우는 주요 교전 지역인 동부와는 멀찍이 떨어져 있지만 불과 두 달 전 러시아군의 미사일 공격을 받았던 지역이다. 다시 말해 언제 어디서 미사일이 다시 날아올지 모르는 곳이다. 그러나 눈앞에 펼쳐진 장면은 '이제 전쟁이 끝나가는 건가?' 하는 착각을 불러일으킬 정도로 평화로웠다(머지않아 알게 된 사실이지만 겉으로 보이는 이 평화에는 일상을 지키기 위한 우크라이나인들의 의식적인 노력이 숨어 있었다). 한국에서 노심초사하며 내 소식을 기다리는 가족들에게

르비우 오페라하우스 앞 분수대에서 뛰어노는 아이들.

이 풍경을 사진으로 찍어 보냈다. 이곳은 안전하니 걱정
하지 말라는 말과 함께.

　르비우 시내를 두 시간가량 걸은 뒤 숙소로 돌아갔
다. 통금이 해제되는 다음 날 새벽 5시(체르니우치에 갔을
때보다 한 시간 빨라졌다)에 키이우로 떠날 예정이었기에
곧바로 잠자리에 들었다. 르비우의 비교적 평온한 분위
기 때문일까, 첫 출장 때와는 달리 눈을 감자마자 곧바
로 잠에 빠져들었다. 두 번째 출장에서의 첫날은 그렇게
지나갔다.

키이우에 들어가다

르비우에서 키이우까지는 차로 약 8시간이 걸렸다. 물
리적인 거리 자체도 멀지만 도로 상태가 울퉁불퉁하고
나빠서 차가 속도를 내지 못하는 탓도 컸다. 체르니우치
에서는 나와 영상취재기자, 세르게이까지 총 세 명이 움
직였지만 이번에는 이동 거리가 긴 만큼 운전을 전담해
줄 사람 한 명이 더 동행했다. 유지크라는 이름의 남자
였는데, 전쟁이 시작되기 전까지 러시아에서 건설업에
종사했다고 했다. 하지만 갑작스럽게 시작된 전쟁으로
6개월 치 월급을 한 푼도 받지 못한 채 우크라이나로 쫓
기듯 돌아왔다고 했다.

유지크가 쉬지 않고 차를 몰아준 덕분에 오후 2시
쯤 키이우에 도착할 수 있었다. 키이우로 들어가는 모든
차량은 군인들에게 검문을 받아야 했다. 검문 줄에 서
자 세르게이는 "키이우는 체르니우치와는 분위기가 사

뭇 다를 것이다. 검문도 심하고 무엇보다 언제 어떤 일
이 벌어질지 모른다"고 말했다. 두 번째 출장 내내 세르
게이는 '이 정도면 너무 과한 것 아닌가' 하는 생각이 들
정도로 안전에 유의해야 한다는 말을 계속해서 반복했
는데 아마 내가 알지 못한 위험 요인들을 예민하게 느끼
고 있었기 때문일 것이다.

바리케이드 앞에서 한 군인이 우리가 탄 차량을 멈
춰 세운 뒤 여권을 달라고 말했다. 창문 너머로 군인의
얼굴을 보았다. 젊은 군인이었다. 아직 대학도 졸업하지
않았을 것처럼 앳돼 보였다. 편안한 트레이닝복을 입고
친구들과 농구를 하는 모습이 어울릴 법한 얼굴. 하지만
그는 오른쪽 어깨에 우크라이나 국기가 수놓아진 군복
을 입고 가슴께에는 소총을 둘러메고 있었다. 철모를 눌
러쓰고 굳은 표정을 짓고 있었지만 눈빛에서 선함과 순
박함이 느껴졌다. 누군가에게 총을 쏠 수 있을 것 같은
눈빛이 아니었다. 그러나 언젠가 그는 러시아 군인을 향
해 총알을 발사해야 할지 모른다. 자신과 가족들을 지키
기 위해 어쩔 수 없이.

키이우 시내에 도착하자마자 일단 호텔로 향했다. 차 트렁크뿐 아니라 뒷좌석에까지 쌓아 올린 짐들을 내려놔야 했다. 체르니우치에서와 달리 키이우에선 호텔 방을 잡는 게 무척이나 쉬웠다. 많은 사람들이 이미 도시를 떠났고, 당연한 이야기지만 관광객도 없었기 때문이다.

건물 구조상 햇빛이 잘 들지 않아 어두운데도 호텔 로비는 불을 절반밖에 켜놓지 않았다. 투숙객도 거의 없는 데다 전쟁 상황인 만큼 전력 사용을 최소화하기 위해서였다. 2주간 이곳에서 머물 예정이었지만 숙박료는 매일매일 계산하기로 했다. 그런 일이 일어나지 않기를 모두가 간절히 바랐지만 언제든 급하게 대피해야 할 일이 생길 수 있기 때문이었다.

김재식 기자는 호텔에 도착하자마자 가장 먼저 통신망을 점검했다. 러시아군이 수시로 전파방해를 시도한다는 소식이 들려왔기 때문이다. 통신 감도가 썩 훌륭하진 않았지만 다행히 이상은 없었다. 점검을 마무리하고 난 뒤 우리는 곧바로 취재 장소로 출발했다.

찢겨진 도시 이르핀

우리는 가장 먼저 이르핀강을 사이에 두고 키이우와 마주하고 있는 위성도시인 이르핀을 찾았다. 2022년 2월 말 러시아군은 우방인 벨라루스를 거쳐 키이우로 진격하고 있었다. 그 길목에 있던 곳이 이르핀이다. 이르핀은 지리적으로 키이우와 가까울 뿐 아니라 전쟁에 필요한 각종 물자를 약탈할 수 있는 곳이었다. 러시아군은 본격적인 키이우 침공에 앞서 이르핀을 먼저 점령해 전투를 위한 주요 거점으로 이용코자 했다.

러시아군은 한 달간 미사일과 탱크, 기관총부대 등을 총동원해 이르핀을 그야말로 초토화했다. 이르핀시에 따르면 도시의 70퍼센트가 폐허로 변했다. 885채의 건물은 먼지가 되어 사라졌고, 2738채는 건물의 뼈대만 남았다. 8651채도 심각한 피해를 입었다. 이 전쟁의 포악함을 가장 적나라하게 드러내 보여주는 곳 중 하나가

바로 이르핀이었다. 20분쯤 차를 타고 가자 무너져 두 동강 난 다리가 나타났다. 우크라이나 전쟁의 상징이 된 '이르핀 다리'다.

당시 키이우로 진격하던 러시아군의 핵심 전력은 탱크와 장갑차로 이뤄진 기갑부대였다. 우크라이나군은 이들의 진격 속도를 늦추기 위해 이르핀과 키이우를 잇는 길목인 이르핀 다리를 스스로 폭파했다. 이로써 러시아군의 침공 속도를 늦출 수 있었지만 수많은 피란민들 또한 발이 묶일 수밖에 없었다고 한다. 6·25전쟁 당시 북한군의 탱크를 막기 위해 무너뜨린 한강철교, 그리고 그 앞에서 발을 동동 구르던 피란민들의 모습이 이르핀 다리 위로 겹쳐졌다.

갓길에 차를 세워두고 이르핀 다리 근처의 강가로 내려갔다. 부서진 잔해들 옆쪽으로 합판을 이용해 만든 임시 다리가 있었다. 강 수면에 닿을락 말락 할 만큼 낮은 높이에 사람 한 명이 겨우 지나다닐 수 있을 정도로 폭이 좁았다. 그 위로 발을 내딛자마자 삐걱거리는 소리와 함께 다리가 흔들리는 게 느껴졌다. 위태로웠다. 다리 중간에는 흰색 깃발이 걸려 있었다. 민간인이 지나다니는 길이라는 표식이었다. 하지만 생존자들의 증언에 따르면 이곳에도 러시아군의 포탄은 날아들었다고 한

두 동강 난 이르핀 다리(왼쪽)와 그 옆의 임시 다리(오른쪽).
임시 다리에는 너덜너덜해진 백기가 내걸려 있다.

다. 깃발 주변으로 그렇게 숨진 희생자들을 기리는 나무
십자가가 만들어져 있었다.

　젤렌스키 우크라이나 대통령은 전쟁의 잔인함을 잊
지 않기 위해 이르핀 다리를 무너진 상태로 남겨두기로
결정했다. 다리 근처에 설치된 커다란 게시판에는 희생
자들을 추모하고 평화를 갈망하는 글들이 가득했다. 나
도 그곳에 평화를 기원한다는 한 문장을 한글로 적었다.
그리고 눈을 감고 묵념했다.

×××

이르핀 중심부에 가까워지자 불에 타고 무너져 내린 건물들이 하나둘 눈에 보이기 시작했다. 차창을 열자 탄 냄새가 훅 하고 강하게 코를 파고들었다. 하늘에는 구름이 짙게 깔렸고 가는 비가 내리고 있었다. 내가 알고 있던 익숙한 현실을 떠나 다른 세계 안으로 들어선 기분이었다.

차에서 내려 마주한 이르핀의 모습에 말문이 막히고 말았다. 어느 방향으로 고개를 돌려도 불에 타고 무너져 내린 것들뿐이었다. 폭격을 맞은 건물은 마치 찢겨진 것처럼 너덜너덜한 속을 내보이고 있었다. 그 상흔에서 울부짖는 소리가 들려오는 듯했다.

폐허가 된 건물을 향해 걸음을 내딛을 때마다 도로 위에 잔뜩 깔린 유리 파편이 발에 밟혔다. 신발 아래로 유리 파편이 갈리며 기분 나쁜 소리가 귓가를 파고들었다. 도로 곳곳은 움푹 패어 있었다. 포탄이 떨어지며 남긴 흔적이었다. 포탄은 폭발하면서 날카로운 파편을 주변에 흩뿌렸다. 도로에 있던 차량은 그 파편을 맞아 벌집이 된 상태였다. 차량 근처에 알록달록한 글씨가 적힌 카드 한 장이 떨어져 있었다. 카드에 적힌 글씨는 '나는

불에 탄 건물.

형제를 사랑합니다'라는 뜻이었다.

이곳은 얼마 전까지만 해도 서로 아끼며 살아가는 이들의 평범한 보금자리였을 것이다. 낮에는 뛰어노는 아이들의 웃음소리가 동네를 가득 채우고, 해 질 녘이면 온 가족이 식탁에 둘러앉아 감사 기도로 하루를 마무리하는 그런 곳 말이다. 지금은 이곳의 어디에서도 그런 흔적을 찾아보기 어렵지만 포탄이 날아들던 그때는 사람들이 있었을 것이다. 건물이 찢겨지던 순간 그 안에 사람들이 있었을지도 모른다는 생각에 숨이 턱 막히는

'나는 형제를 사랑합니다'라는 문구가 적힌 카드.

듯했다.

건물 안으로 들어가 보기로 했다. 원래는 통유리로 되어 있었을 아파트 입구에는 산산조각으로 깨진 유리 파편들이 가득했다. 그 앞에는 불에 새까맣게 타버려 겨우 형체만 알아볼 수 있는 유아용 킥보드 하나가 놓여 있었다. 몇 번을 봐도 익숙해지지 않는 모습들이었다.

건물 안은 전기가 끊긴 탓에 한밤중처럼 캄캄했다. 중간중간 깨어진 창문으로 들어오는 햇빛에 의지해 계단을 올라갔다.

3층 정도 올라갔을까. 복도 구석에서 무언가가 부스럭거리는 소리가 들렸다. 비어 있을 거라고 생각한 곳에서 인기척이 나서 깜짝 놀란 상태로 다가가 보았다. 한 남성이 폐허가 된 집 안을 치우고 있었다. 곳곳에 널브러진 잔해들을 커다란 마대 자루 안에 담고 있는 중이었다. 그는 우리를 보자 먼저 다가와 인사를 건넸다. 세르게이라고 자신의 이름을 알려준 뒤 본래 직업은 변호사지만 지금은 목수라며 농담을 건넸다. 우크라이나에 와서 처음 들어보는 농담이었다.

세르게이는 이곳에서 겨우 100미터 떨어진 곳에 살고 있었다. 이 지역에서 거의 유일하게 포탄이 떨어지지 않은 곳이라고 했다. 그는 자신이 청소를 하는 이 집에 누가 거주했는지조차 모른다고 했다. 이곳에 살던 이는 모든 것을 잃어버린 탓에 임시생활시설에 머물고 있거나 혹은 이미 세상을 떠나버렸을지도 모른다. 하지만 그는 어떤 방식으로든 그들에게 도움이 되고 싶다고 말했다. "지금 당장 제가 할 수 있는 건 폐허가 된 집을 조금이라도 깨끗하게 만드는 일입니다." 그는 자신뿐 아니라 이곳에 남아 있는 이들 대부분이 시간 날 때마다 빈 집을 찾아가 청소한다고 했다. 그것이 사람으로서의 도리이자 의무라고 말했다.

아직 덜 치운 방 한구석에는 커다란 침대가 놓여 있었다. 침대 위에 걸려 있는 액자는 불에 타 원래 어떤 사진이 있었는지 가늠하기조차 어려웠다. 벽면에는 커다란 구멍이 뚫려 있었다. 지름이 10센티미터 정도 돼 보였다. 아마도 기관총에서 발사된 총알이 뚫고 지나간 흔적일 것이다. 가장 편안하게 휴식을 취해야 하는 공간마저 러시아군의 총알이 무자비하게 뚫고 들어왔던 것이

폐허가 된 이웃의 집을 정리해 주던 세르게이.

다. 총알이 날아들었을 때 침대에 누가 누워 있었을까. 이들은 미리 대피를 했을까. 그랬다면 지금 어디에서 머물고 있을까. 여러 가지 생각이 스쳐갔다.

유리가 깨어져 나가 뻥 뚫린 창문을 통해 바깥을 내려다봤다. 한 여자아이의 모습이 눈에 들어왔다. 열 살 정도 되어 보이는 그 아이는 아파트 단지 안 놀이터에서 홀로 그네를 타고 있었다. 아이의 주변에는 아무도 없었다. 건물 내부 촬영을 마무리하자마자 아이가 있는 곳으로 향했다. 물어보고 싶은 것들이 많았다. 하지만 막상 아이 앞에 다가선 순간 그 어떤 질문도 할 수가 없었다. 잠시 마주쳤던 아이의 눈은 그 어떤 감정의 기색도 비치지 않아 텅 빈 것처럼 느껴졌다. 그 나이대 아이들에게서 볼 수도 없고 봐서도 안 되는 그런 눈빛을 하고 있었다. 그동안 인터뷰했던 많은 이들의 눈에서 보아온 공허함이었다. 아이는 너무나도 어린 나이에 감당할 수 없는 것들을 마주해야만 했을 것이다. 낯선 사람이 불편해서였을까. 내가 놀이터에 도착하고 잠시 뒤 아이는 그곳을 떠났다. 길이 아닌 놀이터 뒤쪽의 풀숲 사이로 몸을 밀어 넣어 도망치듯 자리를 벗어났다. 아이가 어렵게 찾으려 한 마음의 평화를 깨뜨려 버린 것 같아 마음이 불편했다.

그네에 남아 있던 포탄의 흔적.

아이가 떠난 그네에 앉아 건너편을 바라보았다. 찢겨진 아파트가 눈에 들어왔다. 어쩌면 아이의 가족이나 단짝이 살던 곳이 아니었을까. 아이가 타고 있던 그네에도 포탄의 흔적이 선명하게 남아 있었다.

마을을 청소하던 또 다른 이를 만났다. 이호르는 폭격이 시작되던 날을 생생하게 기억하고 있었다. "불과 몇 분 전 길에서 만나 인사를 나누었던 이웃이 잠시 뒤 시신이 된 상태로 거리에 누워 있었습니다. 너무나도 비현실적이고 혼란스러웠습니다. 제 가장 친한 친구는 장기에 총알을 맞은 채로 열흘을 버텨야만 했습니다. 쏟아지는 포격에 제대로 된 치료를 받을 수 없었기 때문입니다." 그는 오늘이 자신의 인생 최악의 날이라고 생각하며 버텼지만 다음 날도 그다음 날도 폭격은 이어졌다고 말했다. 그럼에도 불구하고 살아남은 이들은 희망을 버려선 안 된다고 강조했다. "지금은 그저 묵묵하게 내가 할 수 있는 일을 해야 할 시간"이라고 말했다.

너무 많은 구덩이들

첫 번째 출장에서 돌아온 뒤 나를 가장 충격에 빠트린 사건은 이른바 '부차 학살'이었다. 2022년 4월 말 키이우의 위성도시 부차에서 450여 구의 시신이 발견됐다. 대다수가 민간인이었고, 시신 곳곳에선 고문의 흔적이 발견됐다. 민간인에 대한 공격은 국제법인 제네바협약에 의해 금지되어 있다. 사실 제네바협약까지 따져볼 문제도 아닐 것이다. 총칼을 든 군인이 무방비 상태인 민간인을 고문하고 살해하는 건 내가 살아온 세계의 상식으로는 도저히 이해할 수가 없는 행동이다. 러시아의 군인들도 누군가의 가족일 것이다. 친구가 있고 사랑하는 연인이 있을 것이다. 그런데 어떻게 전쟁이 시작됐다는 이유로 이런 행동을 할 수가 있는 것일까. 언론을 통해 부차 학살 사건이 알려지자 러시아는 "이 모든 것은 우크라이나의 조작"이라고 주장했다. 전쟁이 시작되고 수

많은 억지 주장을 내놓았지만 러시아의 이 주장만큼은 제발 사실이길 바랐다.

7월 3일경 부차로 향했다. 숙소를 떠나기 전까지 화창했던 하늘이 부차에 도착하자 먹구름이 잔뜩 껴 어두컴컴해졌다. 비가 오고 있었다. 점점 강해지는 빗줄기를 뚫고 가장 먼저 성 안드레아 성당을 방문했다. 폭격으로 유리창 곳곳이 깨진 탓에 본당은 수리 중이었고 지하에 있는 예배당만 문을 연 상태였다. 어둑한 통로를 따라 지하로 내려갔다. 소피아라는 이름의 노인이 홀로 예배당을 지키고 있었다. 그녀는 이곳의 관리인으로, 러시아군이 부차로 진입하기 직전 후방 지역으로 피란을 갔다 최근 돌아왔다.

소피아는 고향에 돌아와서 마주한 모습에 대해선 더이상 생각하고 싶지 않다며 "이 땅의 모든 곳에서 비극이 벌어지고 있습니다. 저는 가까스로 목숨을 지켰지만 소중한 나의 이웃들이 사라졌습니다"라고 말했다. 자신의 남동생은 매일 교전이 벌어지는 돈바스 지역에 가 있는데 며칠 전부터 연락이 되지 않아 지금은 생사조차 알 수 없다는 말을 덧붙였다.

성당 뒤뜰에는 추모비 하나가 덩그러니 세워져 있었다. 추모비 뒤로는 '들어가지 마시오'라고 쓰인 팻말

성 안드레아 성당에서 희생자들을 추모하는 촛불을 켜는 소피아.

과 함께 끈으로 경계선이 쳐져 있었는데, 어림잡아 가로
로 20미터 정도 이어졌다. 경계선 안쪽 땅에는 군데군데
흙을 파헤쳤다가 다시 다져놓은 것 같이 얼룩덜룩한 부
분이 있었다. 시신이 있던 구덩이들을 메운 흔적이었다.
이 뒤뜰에서만 130여 구의 시신이 발견됐다고 했다.

추모비에는 여섯 개의 인형이 놓여 있었다. 이곳에
서 발견된 어린아이들을 위한 것이다. 도대체 이 어린아
이들에게 무슨 잘못이 있는 것일까. 러시아 군인들은 구
덩이 속에 아이들 시신을 놓으면서 무슨 생각을 했을까.
이 깊은 상처는 과연 치유될 수 있기나 한 것일까.

한 여인이 추모비 앞에서 비를 맞으며 기도하고 있

었다. 기도가 끝나기를 기다렸다가 조심스레 말을 건넸다. 여인은 러시아군에게 희생된 이웃의 명복을 빌기 위해 시간이 날 때마다 이곳을 찾는다고 말했다. 자신은 러시아군이 떠난 뒤 고향으로 돌아왔지만 자신의 아들은 이곳에 남아 모든 걸 목격했다고 했다. 우리는 함께 그녀의 집으로 가 아들을 만나기로 했다.

그녀가 살고 있는 아파트는 꼭대기 층이 폭격을 맞아 무너져 있었다. 러시아군은 우크라이나 군인들이 매복해 있을 가능성이 높다는 이유로 건물의 꼭대기 층을 집중적으로 공격했다고 했다. 모자는 위태롭게 서 있는 이 건물의 1층에서 함께 지내고 있었다.

어린 희생자들을 추모하기 위해 놓인 인형.

강단이 느껴지는 어머니 니나와는 달리 아들 올렉산더는 의기소침하고 불안해 보였다. 우리와 눈을 제대로 마주치지 못했고 말투는 어눌했다. 니나가 돈을 벌기 위해 이탈리아에 가 있는 동안 러시아군은 부차를 침공했다. 그녀는 아들이 부차의 참상을 두 눈으로 본 뒤 '완전히 다른 사람'이 됐다고 했다. 겉모습은 멀쩡하지만 마음은 돌이킬 수 없을 정도로 망가졌다고 말했다. 올렉산더는 러시아군이 떠난 지금도 불안감에 혼자서는 집 밖을 나서지 못한다고 했다. 언제 다시 침공이 시작될지 모른다며 집 안에는 비상식량으로 먹을 수 있는 마른 빵을 가득 쌓아두었다. 그는 모든 장면 장면이 영화처럼 선명하게 남아 있다고 말했다. 더듬거리는 목소리로 그날의 기억을 힘겹게 끄집어냈다.

"2월 24일, 창문 너머로 탱크 소리가 들렸습니다. 총소리도 들리기 시작했죠. 탱크가 무언가를 부수면서 우리 집으로 다가오고 있는 것 같았습니다. 저는 아파트 안쪽 복도로 도망쳤습니다. 집 안에 있다가는 날아오는 총알에 맞을 수도 있었기 때문입니다. 복도에 이웃 한 명이 나와 있었습니다. 그가 지금 우리 아파트 단지에는 20명 정도만이 남아 있고 나머지는

어머니 니나와 아들 올렉산더.
올렉산더는 부차 학살의 목격자이자 생존자다.

모두 피란을 갔다고 말해주었습니다.

2월 25일, 폭격이 본격적으로 시작됐습니다. 여기저기 폭탄이 떨어지는 소리가 들렸습니다. 한숨도 잘 수가 없었습니다. 그때부터 침낭을 챙겨 아파트 복도에서 생활하기 시작했습니다. 러시아군이 지나가기만을 기다리면서 말이죠. 하지만 상황은 점점더 나빠지기만 했습니다. 3일 뒤 러시아군이 아파트 물탱크를 부쉈습니다. 물을 끊어버린 겁니다. 전기는 이미 끊긴 상태였고 가스는 폭발이 일어날 수 있기 때문에 이전부터 사용할 수 없었습니다. 그야말로 완전히 고립되어 버린 겁니다.

그렇다고 탈출을 시도할 수 있는 상황도 아니었습니다. 바깥에는 러시아 군인들이 돌아다니고 있었습니다. 나가는 순간 죽을 수도 있었던 것이죠. 당시 기온이 영하 12도였습니다. 우리는 모닥불을 때서 간신히 체온을 유지했습니다. 남아 있는 마른 빵을 모아 먹었고 러시아군에게 약탈당한 식료품 가게에 몰래 들어가 물을 챙겨왔습니다.

평범한 이웃들이 총에 맞는 것을 봤습니다. 도로 위를 달리는 차를 향해 어디선가 총알이 수십 발 날아왔습니다. 누가 봐도 평범한 시민들이 타고 있는 차량이었죠. 총격이 멈춘 뒤 그 차량에 가까이 가봤습니다. 앞좌석에는 여자와 남자가 총에 맞아 숨져 있었습니다. 그리고 뒷좌석엔 그들의 어린 딸이 남아 있었죠. 주민 한 명이 딸이라도 살려야 한다며 아이를 안고 병원으로 달려갔습니다. 주민 몇몇은 백기를 흔들며 거리로 나갔습니다. 그들이 어떻게 됐는지는 알 수 없습니다. 다만 러시아군이 물러간 뒤 거리는 사람들의 시체로 가득했습니다….

러시아 군인들이 총을 들고 우리 아파트 안으로

들어온 적도 있습니다. 주민들을 한자리에 모아두고 곧 있으면 러시아군이 키이우를 점령할 것이라고 말했습니다. 푸틴이 우리들에게 직업을 줄 것이라고도 했습니다. 우리 여권을 보면서 국적 자체가 잘못됐다고도 말했습니다. 그러면서 우리에게 하루라도 빨리 투항하라고 말했습니다. 우리는 그저 아무 말 없이 듣기만 했습니다. 총을 들고 있는 군인 앞에서 무슨 말을 할 수 있었겠습니까….

우리 아파트는 네 번의 공격을 받았습니다. 건물 전체가 흔들렸죠. 그럴 땐 그저 바닥에 엎드린 채 잠잠해지길 기다리는 것 외에 달리 할 수 있는 게 없습니다. 한밤중에 폭발음이 들리고 타는 냄새가 난 적도 있습니다. 불이 났던 것입니다. 우리는 필사적으로 불을 껐습니다. 이곳이 타버리고 나면 정말 갈 곳이 없었기 때문이죠. 그렇게 하루하루를 버텼습니다. 어느 순간 정신이 완전히 무너져 버리는 걸 느꼈습니다. 완전히 지쳐버린 겁니다. 지금도 저는 큰 소리만 들리면 몸이 점점 굳어가는 게 느껴집니다. 어디서 폭발이 일어난 건 아닐까, 누가 지금 총을 쏘고 있는 건 아닌가 그런 생각부터 들기 때문이죠…."

러시아군이 떠난 뒤 부차시에선 300여 구가 넘는 시신이 발견됐다고 한다. 가정집, 슈퍼마켓, 공원 등 도시 곳곳에 시신이 방치되어 있었다. 피란을 떠났던 사람들이 돌아왔을 때 시신은 부패하는 중이었다. 하루빨리 시신을 수습해야 했지만 정부는 거기에까지 투입할 인력이 없었다.

수백 구의 시신을 수습한 건 볼로디미르라는 남자였다. 전화로 인터뷰를 요청했을 때 그는 "다른 훌륭한 사람이 많은데 왜 나를 만나려 하느냐"며 한사코 거절했다. 아마 그날의 기억을 떠올리기 싫어서였을 것이다. 하지만 우리는 그 남자를 꼭 만나야만 했다. 두 번째 출장을 오기 전 세운 목표 중 하나가 '전쟁범죄'에 대한 기록이었다. 러시아는 민간인에 대한 학살 자체를 부인하고 있었다. 희생당한 사람들의 목소리는 힘이 약하다. 희생자는 말할 수가 없기에 그들의 목소리는 이내 사라져버리거나 왜곡되기 쉽지만 가해자의 목소리는 끝까지 남아 그것이 마치 사실인 것처럼 역사로 기록되곤 한다. 그렇기에 학살을 목격한 이들의 증언을, 즉 전쟁범죄가 벌어진 바로 그 순간을 기록으로 남겨놓는 것이 중요했다.

한국인 기자가 기록한 증언이 무슨 도움이 되느냐고

반문할 수도 있다. 그러나 기록은 다양한 언어와 시각으로 축적되어 나갈수록 그 힘이 세진다. 알려지지 않은 전쟁범죄를 발견해 목격자들의 증언을 우리의 언어로 남기는 것이 지금 내가 할 수 있는 유일한 일이자 반드시 해야 하는 일이라는 생각이 들었다. 한국어로 쓴 기사 한 줄 한 줄이 결코 가볍지 않다고 믿었다. 한국인들에게 영향력은 미미할지라도 기록하는 일 자체로 단단한 의미가 있었다.

볼로디미르가 인터뷰를 거절할수록 그를 반드시 만나야 한다는 확신이 들었다. 그의 기억을 기록해 두지 않으면 그가 직접 목격한 전쟁의 한 단면이 이대로 영영 잊혀버릴지도 모른다고 생각했다. 수차례 인터뷰를 요청한 끝에 그를 만날 수 있었다.

볼로디미르를 만난 곳은 부차의 공동묘지였다. 그가 수습한 시신들이 묻힌 곳이었다. 그는 인터뷰 당일에도 공동묘지에서 할 일이 있다고 했다. 우크라이나의 날씨는 시시각각 변했다. 그를 만난 시간에 하늘은 온통 먹구름으로 뒤덮여 어두워졌다. 볼로디미르는 175센티미터 정도의 키에 딱 벌어진 어깨를 가지고 있었다. 코는 구부러져 있었고 각진 턱은 단단해 보였다. 악수를 나누며 맞잡은 손은 두꺼웠으며 돌덩이처럼 단단하고 거칠었다.

볼로디미르와의 인터뷰는 쉽지 않았다. 어렵게 만난
만큼 진솔한 대화를 기대했는데 그는 내가 던진 질문에
엉뚱한 대답을 하거나 형식적인 답변으로 일관하면서
했던 말을 되풀이할 뿐이었다. 가령 처음 시신을 수습
하러 갔을 때 시신이 어떤 상태였는지를 묻자 그는 "돈
바스 지역에선 지금 이 순간에도 러시아의 공격이 진행
중"이라는 질문과 관계없는 말을 중얼거렸다. 그러고는
"이 잔인한 공격이 언제까지 이어질지 도무지 알 수가
없다"는 말을 반복하며 나에게 이 상황을 이해할 수 있
느냐고 되물었다. 수많은 시신을 수습한다는 건 신체적
으로나 정신적으로나 너무나도 버거운 일일 텐데 그럼
에도 불구하고 이 같은 일을 하기로 마음먹은 이유에 대
해서 물었을 때에도 그는 질문과 무관한 답변을 내놓았
다. "부차 사람 모두가 큰 슬픔에 빠져 있습니다. 정말
큰 슬픔에 빠져 있죠…. 음… 그렇습니다…. 부차에서
벌어진 일들은 뭐랄까… 잘 모르겠습니다. 무슨 일이 벌
어진 건지… 이곳에서 벌어진 건 도대체 뭐였을까요?"
이런 말들을 하면서 그는 연신 한숨을 내쉬거나 인상을
찌푸렸다. 마지못해 말하고 있다는 것이 느껴졌다.

볼로디미르는 아무래도 당시의 기억을 떠올리는 게

괴로워서 그러는 것 같았다. 그때를 기억해 내라고 그를 들쑤시는 것 같아 미안한 마음이 들었다. 제대로 된 대답을 해달라고 재촉할 수도, 그렇다고 이대로 물러설 수도 없었다. 그가 이야기를 마치면 사실상 같은 내용의 질문을 단어의 앞뒤만 바꾸어 다시 건넸다. 공동묘지를 함께 천천히 걸으며 그가 담아두었던 이야기를 꺼내어 말해주길 그저 애타게 기다렸다.

그렇게 30분이 지났을까, 부차 학살을 조작이라고 말하는 러시아군을 보며 어떤 기분이 들었는지를 묻는 질문부터 볼로디미르는 자신이 두 눈으로 본 장면을 하나씩 말해주기 시작했다. "저는 이곳에서 어떤 일이 벌어졌는지 모든 걸 정확하게 알 수는 없습니다. 다만 제 두 손으로 직접 그들의 시신을 수습하며 본 것들을 이야기할 뿐입니다"라고 말문을 뗐다. 그의 증언은 이후로 한 시간 동안 이어졌다.

"저는 8년간 부차의 공동묘지에서 일했습니다. 그리고 지난해 은퇴했죠. 이 일을 해오며 저도 모르게 몸과 마음이 많이 지쳤던 것 같습니다. 어느 날 이제는 그만 쉬어야겠다는 생각이 들더군요. 그래서 일을 그만두고 한가한 일상을 보내고 있었죠.

볼로디미르. 그는 인터뷰 중간중간 가만히 허공을 바라봤다.

러시아의 침공은 갑작스레 시작했습니다. 저처럼 평범한 사람들은 무슨 일이 벌어지고 있는지조차 제대로 알 수 없었죠. 러시아 군인들이 마을(부차)로 들어오더니 그렇게 한 달간 지옥이 시작됐습니다.

그 기억(러시아군 점령)에 대해선 떠올리고 싶지 않습니다. 무척이나 힘든 시기였죠. 도무지… 도무지 어떤 말을 해야 할지 알 수가 없습니다. 저에게는 나이 든 어머니가 계십니다. 러시아군이 마을로 들어왔지만 어머니는 이곳을 떠날 생각을 하지 않았습니다. 저는 그런 어머니를 두고 갈 수 없어 부차에 남았습니다. 잘 걷지 못하는 어머니를 보살피며 하루하루를 버텼습니다. 정말이지 그 시간들, 당시 벌어졌던 일들에 대해선 말하는 게 쉽지 않습니다."

볼로디미르는 잠시 말을 멈추고 숨을 깊게 들이쉬었다. 고개를 잠시 뒤로 돌려 비석을 바라봤다. 그러곤 떨리는 목소리로 말을 이어나갔다.

"러시아군이 부차를 빠져나간 다음 날 아침, 전화가 울렸습니다. 은퇴 전까지 공동묘지에서 함께 일하던 동료였죠. '볼로디미르, 당신이 좀 도와줘야 할 것 같다. 너무나도 많은 시민들이 총에 맞았다. 거리거리마다 시신이 널브러져 있는데 이를 수습해 줄 사람이 없다.' 저는 수화기를 내려놓자마자 곧바로 움직였습니다. 국가를 위해 무언가를 해야 한다는 의무감 같은 건 아니었습니다. 사람들을 도와야 한다는 생각을 한 것도 아니죠. 그저 당연히 해야 할 일이라고 생각했습니다. 그것뿐이에요.

러시아군이 마을을 점령하고 있는 기간 동안 끔찍한 일이 벌어졌다는 건 알고 있었습니다. 하지만 막상 러시아군에 희생당한 시신을 직접 마주했을 때 저는 완전히 평정심을 잃어버리고 말았습니다. 다리에 힘이 풀리고 귀에선 환청이 들렸습니다. 눈앞은 흐릿해졌죠. 제가 지금 어디에 서 있는지조차 모를 정도였습니다. 이게 정말 현실인가? 묻고 또 물었습니다. 그러다 목구멍에서 무언가가 왈칵하고 솟아올랐습니다. 고통, 슬픔… 말로 표현하기 힘든 그런 감정들이 목에 걸렸습니다. 이들은 어제까지 저의 동료이자 친구이자 가족이었습니다. 평범하고 친절한 사람들이었는데… 그런 그들이 끔찍한 모습으로 누워 있던 겁니다.

제 머리는 도무지 이 광경을 받아들이지 못했습니다. 당신도 알다시피 저는 시신을 보는 일에 무척이나 익숙합니다. 하지만 그동안 제가 보아온 시신들은 대부분 단정한 모습으로 인생의 마지막 여행을 마친 모습이었습니다. 이렇게 피가 흥건한 상태로 길바닥에 누워 있는 모습을 마주한 적은 없습니다. 각기 다른 나이와 다른 성별의 사람들이… 그렇게 누워 있었습니다….

이 사람들은 누군가의 소중한 가족일 겁니다. 누군가에게 사랑스러운 어머니이고 할아버지이며 아들일 겁니다. 러시아군은 이 모든 걸 짓밟은 겁니다.

이렇게 말을 하는 지금 이 순간에도 도무지 믿을 수가 없습니다. 러시아의 군인들 역시 누군가의 가족일 겁니다. 사랑을 받고 사랑을 주며 자라왔겠죠. 그런 경험과 기억을 갖고 있는 이들이 이런 행동을 했다는 걸 도저히 믿을 수가 없습니다. 이런 행동은 사람이라면 도저히 저지를 엄두조차 낼 수 없는 것입니다…

아직도 눈만 감으면 떠오르는 한 장면이 있습니다. 너무나도 또렷하고 생생하게 기억이 납니다. 탱크가 뚫고 지나간 듯 커다란 구멍이 뚫려 있는 집이었습니다. 집 마당에는 커다란 구덩이가 파여 있었죠. 그리고 그 구덩이 안에서 네 구의 시신이 발견됐습니다. 할아버지와 할머니가 누워 계셨고 그들의 아들과 딸로 보이는 이들이 있었죠."

이 이야기를 꺼낼 때 볼로디미르는 유독 힘들어 보였다. 두세 차례 한숨을 크게 내쉬더니 고개를 들어 하늘을 바라봤다. 두 눈은 하늘을 향해 있었지만 눈동자의 초점이 맞지 않았다. 그는 아직도 그 모습이 생생한 듯 두 눈을 질끈 감았다.

"시신의 상태를 봤을 때 할아버지와 할머니 그리고 아들이 먼저 죽은 건 분명했습니다. 너무 자세한 설명은 생략하겠습니다. 그저 제가 본 시신의 상태를 말씀드리는 겁니다. 그리고 한 명의 여성… 딸로 보이는 그 여성은 아마 모든 것을 지켜본 뒤 살해당했을 겁니다. 총알이 관통한 그녀의 다리에는 매듭이 단단하게 묶여 있었습니다. 군인들이 사용하는 전문적인 매듭이었죠. 누군가 그녀를 지혈한 겁니다. 하지만 그녀를 살리기 위해 지혈을 했다고는 생각하지 않습니다. 단지 그녀가 피를 너무 많이 흘렸기 때문에… 너무 일찍 죽는 걸 막기 위한 매듭이었을 겁니다…. 다리에 총을 맞은 채로 그녀는 무엇을 보았을까요. 군인들이 가족들의 죽음을 바라보며 울부짖는 그녀를 비웃었던 게 아닐까요. 그녀를 끝까지 살려뒀던 건 다른 목적이 있기 때문이 아니었을까요. 그런 생각을 하면 지금 이 순간에도 너무나 괴롭습니다. 괴로워하는 그녀에게… 누군가의 딸이었을 그 여성에게 러시아 군인들은 도대체 어떤 행동을 저질렀을까요….

꿈속에선 모든 것들이 뒤죽박죽이 된 상태로 나타납니다. 저는 깨어날 수 없는 꿈속에 계속해서 빠져들어 가고 있다는 느낌을 종종 받습니다. 그런 꿈에서 깨어나기 위해선 정말이지 강한 의지가 필요합니다. 영영 깨어나지 못할 것 같다는 느낌이 들기 때문이죠. 한밤중에 꿈에서 겨우 깨어난 뒤에는 차를 마시고 호흡을 고른 뒤에야 다시 잠자리에 들 수 있습니다. 이런 일을 계속 반복하며 살아가고 있죠. 제 머릿속에서 반복 재생되는 꿈은 너무나도 폭력적입니다. 여기서 영원히 빠져나갈 수 없다는 느낌, 이 꿈이 언젠가 저를 갈기갈기 찢어버릴 것 같은 느낌이 듭니다. 이것은 꿈일까요, 아니면 진실일까요. 어느 순간 이게 꿈인지 진실인지 모르는 순간이 찾아옵니다…. 이건 마치 지옥에서 살아가는 듯한… 그런 기분입니다."

"내 손으로 수백 명 묻어" … '부차 학살 비극'
생존자의 증언 – 2022년 7월 8일 뉴스

앵커 러시아는 민간인 학살 같은 전쟁범죄는 없었다고 줄
곧 주장합니다. 하지만 저희가 현지 곳곳을 취재해
보니, 전쟁범죄의 정황은 적나라했습니다.
우크라이나에서 김민관 기자가 전해왔습니다.

기자 러시아군에 희생된 우크라이나인들이 묻혀 있는 키
이우 인근 부차의 공동묘지. 그곳에서 자신의 손으로
이웃 수백 명의 시신을 묻었다는 한 우크라이나 남성
을 만났습니다.

볼로디미르(부차 시민) 할아버지와 할머니, 가족으로 보이는
남성과 여성이 한 구덩이에서 발견됐습니다.

기자 그는 숨을 고르면서 이야기를 이어갔습니다.

볼로디미르(부차 시민) 할아버지와 할머니를 살해한 뒤 남성
을 살해한 것으로 보였습니다. 여성은 총 맞고 남겨

저 있었을 겁니다. 모든 것이 끝난 뒤 여성을 살해한 것으로 보입니다.

기자 그는 정신적으로 힘들다고 말했습니다.

볼로디미르(부차 시민) 나 자신으로 돌아가지 못하거나 정신이 나가버릴 것 같다는 느낌도 받습니다.

기자 일리나 씨는 친구들이 탄 차가 불에 타는 걸 목격했습니다.

일리나(부차 시민) 러시아군은 마치 짐승과도 같았습니다.

기자 한 여성은 부차에 홀로 남겨졌던 자신의 아들이 전혀 다른 사람이 되었다고 말합니다.

니나, 올렉산더(어머니, 아들) 우리 아들은 정신적으로 상처를 입었습니다. 1년 전 내가 알던 아들이 아닙니다.

기자 러시아군은 민간인 학살은 없었다고 주장합니다. 하지만 땅속에 묻혀 있는 수많은 희생자들과 남은 이들

의 증언은 이 땅에서 무슨 일이 벌어졌는지를 분명하

게 말해주고 있습니다.

떠난 이의 말을 듣는 사람

볼로디미르와의 인터뷰가 끝나고 3일 뒤 키이우 인근에 위치한 종합병원의 부검실에서 연락이 왔다(군 병원으로도 사용되는 곳이기에 구체적인 지명은 표기하지 않는다). 이곳은 키이우 주변에서 수습된 희생자들의 시신을 부검하는 유일한 장소였다. 원래는 부검의가 여럿이었지만 저마다의 사정으로 병원을 떠났고 지금은 세멘이라는 이름의 한 남자만이 이곳을 지키고 있다고 했다. 강간이나 고문 등 전쟁범죄의 흔적이 고스란히 남아 있을 시신들, 세멘의 임무는 그 흔적이 사라지기 전에 기록하는 것이었다.

하늘이 무척 흐렸다. 호텔에서 일어날 땐 분명 날씨가 화창했는데 병원에 도착해 보니 어느샌가 먹구름이 몰려와 있었다. 병원 주변에는 군인들이 가득했다. 표정에는 슬픔과 근심이 서려 있었다. 아마도 전선에서 숨진

전우들의 시신을 이곳으로 막 옮겨놓은 듯했다.

부검실 앞에서 기다리고 있자 잠시 뒤 세멘이 문을 열고 나왔다. 185센티미터의 껑충한 키에 얼굴이 무척이나 창백한 남자였다. 간단하게 통성명을 한 뒤 곧바로 인터뷰를 시작했다. 세멘은 오늘도 '할 일'이 무척이나 많아서 시간이 별로 없다고 했다.

"나는 이곳에서 15년을 일했습니다. 전쟁이 시작되고 우리(우크라이나 국민)는 많은 일을 겪었습니다. 그리고 나는 그저 내 위치에서 나의 일을 해왔을 뿐입니다. 내가 총을 쏘는 일을 할 수는 없는 것 아니겠습니까. 나에겐 선택권이 없습니다. 전쟁이 시작된 뒤 약 300구의 시신이 이곳으로 옮겨졌습니다. 그중 부차 지역에서 온 시신이 특히 많았습니다. 정말이지 피곤합니다. 4월에 우리 부검실은 하루 평균 10구의 시신을 받았습니다. 육체적으로도, 정신적으로도 상당히 버거운 상황입니다. 한번 생각해 보십시오. 시신 한 구에 남아 있는 총알 30발의 흔적을 각도별로 하나하나 기록한다고 생각해 보십시오. 결코 만만한 상황이 아닙니다.

주변 동료들은 모두 떠났습니다. 나 혼자 남았는

데 일은 너무나도 많습니다. 이렇게 많은 일들을 누가 감당할 수 있겠습니까. 평소에도 일이 많았는데 전쟁이 시작되고 나선 정말로 많아졌습니다. 이 많은 시신을 부검하고 서류에 기록하는 건 정말이지 보통 일이 아닙니다.

두 달 된 여자아이 시신을 받은 적이 있습니다. 듣기로 여자아이의 가족이 탄 차는 총격을 받아 벌집이 된 상태로 발견됐다고 합니다. 나는 시신에 대해선 별 감정이 없습니다. 아이들의 시신이라면 그 전에도 많이 봤기 때문입니다. 다만 이런 생각을 하곤 합니다. 이렇게 많은 수의 시신을 한 번에 본 적은 없다는 생각. 300구 중 99퍼센트가 시민들의 시신입니다. 지금처럼 우리가 서서 이야기를 하고 있을 때 갑자기 누군가가 와서 우리에게 총을 쏘는 것과 같은 말도 안 되는 일들이 벌어지고 있는 겁니다. 이런 건 벌어져서는 안 되는 일입니다."

인터뷰를 하며 세멘에게서 받은 인상은 차분함, 냉정함, 건조함 같은 것들이었다. 두 달 된 신생아의 시신에 관해 이야기하면서도 별 감정이 없다고 말하는 등 인터뷰가 시작된 순간부터 마지막까지 그는 평정심을 잃지 않았다. 하지만 그와의 인터뷰를 한 문장 한 문장 다시 읽어보면서 그가 의식적으로 희생자들과 거리를 두고 있다는 느낌을 받았다. 전쟁에 대한 분노가 스며 있는 듯한 말들도 중간중간 눈에 띄었는데 워낙 은근해서 그가 이런 감정들을 자기도 모르게 억누르고 있는 게 아닐까 하는 짐작이 갔다. 그것은 아마도 전쟁의 한복판에서 활동하는 부검의가 본능적으로 지닐 수밖에 없는 일종의 방어기제일 것이다.

"고문은 법적인 이슈입니다. 많은 사람들이 나에게 시신에서 고문의 흔적을 발견했냐고 묻습니다. 부검의로서 나는 고문이 이뤄졌다 아니다를 판단할 수는 없습니다. 다만 상처의 상태를 묘사할 수는 있습니다. 부검의는 서류에 자신이 무엇을 봤는지를 적습니다. 내가 본 시신 중 하나는 정강이 부분에 총알이 박혀 있었습니다. 손은 뒤로 묶인 채였고 눈은 가려져 있었습니다. 만일 살인이 목적이었다면 총을 머리에 쏘면 됩니다. 하지만 발견된 시신의 상태를 봤을 때 단순히 이 사람을 죽이기 위해서만이 아니라 존엄을 해치고 조롱하기 위한 목적이 있었다는 추정을 할 수 있게 됩니다. 어느 한 지역에서 발견된 희생자들은 대부분 다리에 총상이 있었습니다. 그리고 많은 시신들이 발가벗겨진 상태였습니다. 몇몇 시신에는 칼자국이 있었고, 또 구타를 당한 뒤 총살을 당한 흔적도 발견됐습니다. 완벽하게 훼손된 시신도 있었고 여러 각도에서 총알에 맞은 시신도 있었습니다. 나는 왜 그들(러시아군)이 이런 행동을 했는지 알 수 없습니다. 나로서는 이유를 상상하기 힘든 광경입니다. 내가 본 희생자들의 99퍼센트는 군인이 아닌 민간인이었는데 말이죠.

세계를 보는 관점이 완벽하게 변했습니다. 모두가 변했겠죠. 나에게는 러시아인 친구가 한 명 있습니다. 그는 나의 오랜 친구입니다. 전쟁이 시작됐을 때, 그의 집에 간 적이 있습니다. 크림반도에 관한 뉴스를 보여주면서 그가 내게 이런 말을 하더군요. 자신은 러시아를 기다리고 있다고. 그로부터 며칠 뒤 그의 집 바로 옆이 폭격을 당했습니다. 그를 다시 만나 물어보았습니다. 여전히 러시아를 기다리느냐고."

인터뷰가 끝난 뒤 세멘이 갑작스러운 제안을 했다. 부검실 문을 가리키며 이 안이 조금 전까지 부검을 하던 곳이라며 한번 들어가 보겠냐고 물어보는 것이다. 방금까지 부검을 했다는 말에 약간 망설여졌지만 나와 김재식 기자는 서로 눈빛을 주고받은 뒤 들어가겠다고 답했다. 나중에 세르게이가 말해준 사실이지만 그건 세멘이 던진 일종의 농담이었다고 했다. 부검실에 들어가려면 기본적으로 방호복을 모두 갖춰 입어야 한다. 세멘은 맨몸으로 온 우리가 그 안에 선뜻 들어가겠다고 할 거라곤 생각지 못했다고 했다. 여하튼 부검실 문이 열렸다. 들어가는 장면을 촬영하기 위해 내가 먼저 부검실에 발을 내딛었다. 첫발을 내딛자마자 부검대에 놓인 시신이 눈앞에 들어왔다. 예상치 못한 상황이었다. 부검을 마치고 수의를 입은 노인의 시신이었다. 머리로는 시신을 보지 말아야겠다고 생각했는데 눈이 뜻대로 움직이지 않았다. 그 모습이 여전히 내 머릿속에 선명하게 남아 있지만 자세한 묘사는 하지 않겠다. 다만 그곳에서 본 시신은 자연사나 병사한 시신의 모습과는 많이 달랐다.

고개를 돌리니 부검실 구석 책상에 앉아 시신은 아무렇지도 않다는 듯 빵을 먹는 중년 여성 한 분이 있었다. 우리의 갑작스러운 등장에 당황했는지 세멘을 바라보며 어깨를 으쓱거렸다. 그제야 세멘이 시신을 가리키며 손짓을 했다. 여성분은 먹던 빵을 책상 위에 내려놓

부검 도구를 정리하는 세멘.

은 뒤 시신을 방 가장자리로 치웠다. 아주 기이한 장면이었다.

시각적 충격에 익숙해진 뒤 찾아온 건 바로 후각적 충격이었다. 강한 암모니아 냄새와 시신이 부패하며 나는 악취가 함께 섞여 코를 찔렀다. 살면서 한 번도 맡아보지 못한 냄새였다. 앞서 본 여성분이 어떻게 뭔가를 먹고 있을 수가 있었던 건지 의아할 정도였다. 세르게이는 냄새를 이기지 못하고 곧바로 부검실 밖으로 나가버렸다(그러곤 민망했는지 3분 정도가 지난 뒤 다시 들어왔다).

나 역시도 악취가 너무 심해 당장이라도 부검실 밖으로 뛰쳐나가고 싶었지만 꾹 참았다. 김재식 기자는 부검실 곳곳을 돌아다니며 세밀하게 촬영을 했다. 부검 도구, 부검대, 수도꼭지 등 어느 것 하나 놓치지 않고 카메라에 담았다. 마치 후각이 마비된 사람처럼 표정 하나 변하지 않고 말이다.

부검실 촬영을 마치고 나오자마자 취재팀 모두가 마스크를 벗고 숨을 크게 내뱉었다. 살면서 이 정도의 악취를 맡아본 적은 없었다. 그리고 앞으로도 없을 거라 생각했다. 하지만 이는 불과 1분 뒤를 내다보지 못한 섣부른 생각이었다. 세멘이 손짓하며 자신을 따라오라고 말했다. 우리는 부검실 건물 옆에 주차되어 있던 커다란 흰색 트럭 앞에 도착했다. 그 앞에서 세르게이와 세멘이 이야기를 나눴다. 그러는 동안 세멘의 표정은 그대로였지만 세르게이의 얼굴은 점점 찌푸려졌다. 이야기를 마친 세르게이가 나에게 세멘의 제안을 전달해 주었다. 이 트럭 안에는 전장에서 수습된 시신 수십 구가 쌓여 있는데 원하면 이 안으로 특별히(?) 들어가게 해주겠다는 것이다. 들어가겠다고 말은 했지만 마음속 깊은 곳에선 강한 거부감이 들었다. 기자로서는 당연히 직접 확인해야 할 현장이지만 한 인간으로서는 결코 보고 싶지 않은 모

시신이 쌓여 있는 트럭 안으로 주저하지 않고 들어가는 김재식 기자.

습이었다.

세멘이 트럭 문을 열었다. 트럭 안에는 20여 구의 시신이 검은색 비닐봉지에 싸인 채 쌓여 있었다. 사망한지 두 달여가 지난 시신이었다. 부패한 시신들에서 악취가 쏟아져 나왔다. 남은 인생에서 다시는 맡고 싶지 않은 악취였다. 만약 지옥이 있다면 그곳에서 나는 냄새가 이럴 것 같다는 생각이 들 정도였다. 김재식 기자는 이번에도 주저하지 않고 카메라를 든 채 시신 앞으로 다가갔다. 나도 머뭇거리며 그 뒤를 따라 걸어 들어갔다. 시신의 형태가 봉지 위로 그대로 드러났다. 봉지 안에는 사람이 있었다. 사람이, 누군가의 가족이자 연인, 친구였을 이들이 거기 그렇게 있었다. 전쟁이 시작되고 자신들이 왜 죽어야 하는지도 모른 채 목숨을 잃고 이곳에 놓여 있었다. 도대체 이 땅에선 무슨 일이 벌어지고 있는 것일까. 도대체 어떤 이들이 이런 짓을 한 것일까.

취재를 마치고 병원을 빠져나온 뒤에도 코끝에서 악취가 떠나지 않았다. 차에 타기 전 평소 피우지도 않던 담배를 연달아 세 대 피웠다. 그렇게 해서라도 그 냄새를 떨쳐버리고 싶었다. 그 냄새와 함께 떠오르는 장면들 또한 지워내고 싶었다. 줄담배를 피우고 목에 걸려 있던 가래침을 내뱉은 뒤 차에 올라탔다. 그날 밤은 심한 악몽에 시달렸다.

무참히 깔린 '보통의 삶'… 러, 민간인 아파트 폭격 15명 사망 – 2022년 7월 11일 뉴스

앵커 주말 사이, 우크라이나 도네츠크 지역이 다시 러시아의 공격을 받았습니다. 아파트가 무너져 15명이 숨졌습니다. 푸틴 대통령은 "아직 심각한 공격은 시작하지도 않았다"고 밝힌 상태입니다.
현지를 연결해 보겠습니다. 김민관 기자, 또다시 민간인이 살고 있는 곳을 타깃으로 삼았군요?

기자 그렇습니다. 러시아군은 미사일을 이용해 도네츠크 지역의 한 마을을 공격했습니다. 우크라이나 정부는 이 공격으로 일반 시민들이 살고 있던 5층짜리 아파트가 무너졌다고 밝혔습니다. 현재까지 15명이 숨졌습니다. 그리고 아직 24명이 건물 아래 깔려 있는 것으로 전해졌습니다. 이 중에는 어린아이 한 명도 포함된 것으로 밝혀졌습니다. 한편 우크라이나 검찰은 전쟁이 시작된 이후 러시아군의 공격으로 어린아이 1000여 명이 죽거나 다쳤다고 밝혔습니다.

앵커 러시아군은 민간인 사망자 수가 부풀려졌다, 이렇게 주장합니다. 하지만, 직접 확인한 현장은 전혀 달랐다면서요?

기자 저희 취재진은 전쟁의 참상을 확인하기 위해 희생자들의 부검 장소로 활용되는 한 종합병원을 다녀왔습니다. 그 현장, 잠시 보겠습니다.
키이우 외곽의 한 종합병원. 평범한 시민들이 오가던 영안실은 전쟁에 희생된 이들의 부검 장소가 됐습니다. 이날도 수십 구의 시신이 쌓인 차량 한 대가 도착했습니다. 차 문을 열자 악취가 풍겨져 나왔습니다. 부검의는 매일 이 같은 일이 반복된다고 말했습니다.

세멘(부검의) 저는 이렇게 많은 시신을 한 번에 본 적이 없습니다. 시신의 99퍼센트가 민간인입니다.

기자 전쟁이 시작된 뒤 세멘은 홀로 300여 구의 시신을 부검했습니다. 그리고 대부분의 시신에서 고문 흔적이 발견됐다고 말했습니다.

세멘(부검의) 구타를 당한 뒤 총살을 당한 시신, 온몸에 칼에

베인 상처가 난 시신도 있었습니다.

기자 단순한 사살이 아니었다고 증언했습니다.

세멘(부검의) 손은 뒤로 묶여 있고 눈은 가려져 있었습니다. 다리와 머리에 총상이 발견됐습니다. 인간의 존엄을 해치고 조롱하는 행위가 이루어졌을 가능성이 있습니다.

기자 그는 몸과 마음이 지쳤지만, 끝까지 자신의 의무를 다하겠다고 말했습니다. 리포트에서도 보여드렸지만 저희가 방문한 날에도 새로운 시신 수십 구가 들어오는 모습을 볼 수 있었습니다.
저희는 전쟁의 참상을 전해드리기 위해 우크라이나 현지에서 취재를 이어가겠습니다.

저는 언제나 이 아이를 생각합니다

"저는 신에 대한 믿음을 저버릴 수밖에 없었습니다…. 나는 도대체 왜 살아 있는 것일까. 이들이 없다면 내 인생은 어떤 의미가 있을까. 스스로에게 묻고 또 물었습니다."

올레나 슈첸코는 세 달 전, 사랑하는 부모님과 하나뿐인 남동생을 잃었다. 러시아군에게 납치됐던 그들은 마을 주변의 숲속에서 싸늘한 주검으로 발견됐다. 시신 곳곳에 고문의 흔적이 남아 있었다. 그녀는 가족들의 죽음을 떠올리며 "모든 것이 완벽하게 무너져 내리는 순간이었다"고 말했다. 가족들과 함께 살던 모티즌의 집에서 올레나는 우리에게 자세한 이야기를 들려주었다.

러시아군의 침공이 시작되기 전, 올레나의 가족은 행복에 필요한 모든 것을 갖춘 듯한 모습이었다. 어머니

올랴 슈첸코는 모티즌시의 시장이었다. 그녀는 자신의 집무실을 마을 사람들의 사랑방으로 열어둘 정도로 권위적인 모습과는 거리가 먼 따뜻하고 친절한 사람이었다. 아버지 이고르는 언제나 가족의 일을 최우선으로 생각하는 헌신적인 가장이었고, 프로축구 선수인 동생 올렉산더는 늘 밝고 긍정적인 모습으로 집안에 활력을 불어넣는 존재였다. 영원할 것 같았던 평화는 러시아군의 탱크 소리와 함께 무참히 짓밟혔다.

"2022년 2월 27일, 러시아군이 우리 마을에 들어왔습니다. 탱크 소리를 처음 들었을 때 온몸이 덜덜 떨렸습니다. 천둥이 치는 듯한 소리가 온 마을에 퍼졌죠. 러시아군의 갑작스러운 등장에 주민들은 불안해하기 시작했습니다. 저 역시도 마찬가지였죠."

사실 러시아군이 키이우로 진격한다는 소식이 알려진 뒤에도 모티즌 사람들의 불안감은 그리 크지 않았다. 모티즌은 키이우에서 서쪽 방향으로 45킬로미터 떨어진 곳에 위치해 있다. 당시 러시아군은 키이우 위쪽에 위치한 부차와 이르핀을 통해 진격해 오고 있던 상황이었다. 때문에 키이우에서 아래쪽 방향으로 멀찌감치 떨어진 모티즌까지 러시아군이 찾아올 것이라곤 생각하지 않았다. 이 같은 생각 때문인지 전쟁이 벌어지자 키이우 시민들 수천 명이 모티즌으로 피란을 오기도 했다.

하지만 러시아군이 키이우 침공을 위한 우회로로 모티즌을 선택하면서 상황은 180도 달라졌다. 우크라이나군의 강력한 저항으로 부차와 이르핀 지역을 점령하지 못하게 되자 이곳을 새로운 침략 거점으로 삼으려 한 것이다.

"모든 것이 불확실한 상황이었습니다. 사람들은 정부의 도움을 필요로 했습니다. 그리고 이곳 사람들에게 정부는 곧 우리 가족이었습니다. 우리 가족은 이러한 극한의 상황에서 무엇을 해야 하는지 알고 있었습니다."

올랴 시장은 마을에 남아 있는 주민 명단을 파악한 뒤 이들 중 누가 거동이 불편한지, 음식과 의약품을 직접 가져다 줘야 하는 이들이 누구인지를 가려냈다. 주민들에게 필요한 음식은 식료품 가게를 운영하던 이고르가 무료로 제공했다. 그리고 배달은 올레나와 남동생인 올렉산더의 몫이었다. 배달을 하는 과정에서 러시아군에게 해코지를 당할 수도 있는 상황이었다. 하지만 올레나와 그녀의 가족들은 "모두가 두려워하는 일이기에 우리 가족이 앞장서서 해내야만 한다"는 생각으로 그 일들을 감행했다.

러시아군이 마을에 들어온 지 일주일이 지나자 불안에 떨던 주민들은 하나둘 이곳을 떠나기로 결심했다. 하지만 러시아군은 떠나는 사람들을 가만히 두지 않았다. 생존자들은 러시아군이 민간인들이 탄 차를 향해 무차별적으로 총을 쏘았다고 증언했다. 특별한 이유는 없었다. 민간인 차량을 향한 무차별적인 사격은 비단 모티즌에서만 나타난 건 아니었다. 마치 게임이라도 하듯 러시아군은 차량이 보이면 방아쇠를 당겼던 것이다.

거리 곳곳에서 주민들의 시신이 발견됐다. 남은 이들의 불안감은 극에 달했다. 3월 4일, 올레나의 가족들은 주민들의 탈출 계획을 세웠다. 이대로 마을에 남아 있다가는 모두가 목숨을 잃을 수도 있다는 생각 때문이었다. 아버지 이고르는 먼저 러시아군의 감시가 소홀한 시간대를 파악했다. 그리고 그 시간대에 탈출을 원하는 주민들을 모아 네 대의 차량에 태웠다. 올레나 역시 마을 주민들과 함께 탈출하기로 결심했다. 그녀에겐 반드시 지켜내야만 하는 소중한 아이가 있었기 때문이다.

"누군가 선두에 서서 차량 행렬을 이끌어야만 했습니다. 하지만 아무도 그 일을 맡으려 하지 않았습니다. 주위를 둘러보면 총에 맞아 쓰러진 평범한 사람들이 보였으니까요. 그때 저의 아버지는 선두에 서서 직접 차를 몰았습니다. 그리고 사람들을 모티즌 바깥으로 데려다준 뒤에 아직 남아 있는 사람들이 많다며 다시 마을로 돌아갔습니다. 그게 아버지와의 마지막이었습니다."

마을 주민들은 성공적으로 탈출했지만, 올레나의 가족들은 러시아군의 집중적인 감시를 받기 시작했다. 그 무렵 올레나의 가족들은 러시아군의 위치와 움직임을 파악한 뒤 우크라이나군에게 전달해 주는 역할도 하고 있었기 때문이다. 그리고 3월 23일, 러시아군은 예고도 없이 올레나 가족의 집 문을 열고 들어왔다.

"아침에 러시아 군인들이 우리 집에 들이닥쳤습니다. 온 집 안을 샅샅이 뒤졌고 차까지 빼앗아 갔습니다. 어머니가 저에게 전화를 걸어 이 사실을 말해주었습니다. 저는 당장 안전한 곳으로 몸을 피하라고 말했지만 어머니는 모든 것이 괜찮을 것이라고 저를 다독였습니다."

당시 올레나는 남편의 고향에 머물면서 모티즌에 남은 가족들과 수시로 전화 통화를 하며 서로의 안부를 확인했다. 괜찮을 거라는 어머니의 말에도 러시아군이 집안을 뒤졌다는 소식에 곧 위험한 상황이 닥칠 것임을 직감적으로 느낄 수 있었다고 했다.

"가족들에게 빨리 도망치라고 말했습니다. 정확한 이유는 모르겠지만… 불길한 예감을 너무나도 강하게 느꼈습니다. 지금 도망치지 않으면 큰일이 벌어질 것 같다는 그런 느낌…."

어머니와 통화를 마치고 두 시간 정도 지나서 올레나는 다시 집에 전화를 걸었다. 하지만 수화기에선 어머니의 목소리 대신 통화 연결음만 계속해서 들려올 뿐이었다. 마을 사람들의 증언에 따르면 러시아군은 올레나 가족의 집 수색을 모두 마치고 철수한 뒤 얼마 지나지 않아 다시 찾아왔다고 했다. 군인들은 올랴 시장만을 데려가려고 했지만 이고르가 "아내를 혼자 보낼 수 없다"며 러시아 군인들을 따라나섰다고 했다.

러시아군이 부모님을 데려갔다는 소식을 들은 남동생 올렉산더도 곧바로 러시아군을 찾아갔다. 러시아군은 그에게 두 시간 뒤 부모님을 풀어주겠다고 약속했다. 올렉산더는 올레나에게 문자메시지로 상황을 전하며 "내 핸드폰이 곧 꺼질 것 같지만 다 잘될 테니 걱정하지 마"라는 말을 남겼다. 하지만 그 문자가 올렉산더의 마지막 연락이 되어버렸다. 러시아군은 약속을 지키지 않았고 오히려 올렉산더마저 포로로 잡아가 버렸다.

"정말 미친 듯이 할 수 있는 모든 일을 했습니다. 아는 사람들 모두에게 전화를 걸어 가족의 납치 소식을 알리고 가족들을 러시아군에 붙잡힌 포로 명단에 올려달라고 말했습니다. 포로 명단에 올라가면 포로 교환 등의 방식으로 풀려날 가능성이 생기기 때문입니다."

올레나 가족의 헌신을 기억하는 사람들은 한마음으로 그녀를 응원했다. 마을에 남아 있는 주민들은 그녀의 가족과 관련된 정보라면 하나도 빠짐없이 모아 올레나에게 전달했다. 하지만 러시아군이 모든 상황을 통제하고 있어 주민들이 할 수 있는 건 너무나도 제한적이었다. 그렇게 4월 2일이 되었고, 올레나는 문자메시지를 통해 결코 듣고 싶지 않았던 소식을 전달받았다.

"마을 주민 중 한 사람이 러시아군이 떠났다는 소식과 함께 가족들이 구덩이 안에서 발견됐다는 말을 전해왔습니다. 처음 이 연락을 받았을 땐 믿기지 않았습니다. 무슨 이유로 저에게 이런 말도 안 되는 메시지를 보냈는지 이해할 수가 없었습니다. 곧장 남편이 모티즌으로 향했습니다. 그리고 그곳에 도착한 남편은 제게 전화를 걸어 부모님의 시신을 발견했다고 말했습니다…. 이건 정말이지… 이 감정을 어떻게 설명해야 할지 저는 아직도 모르겠습니다…."

비교적 차분한 목소리로 인터뷰를 이어가던 올레나는 눈을 감은 채 더 이상 말을 잇지 못했다. 다시 뜬 두 눈은 초점을 잃은 채 어딘지 모를 먼 곳을 향해 멈춰버렸다. 순식간에 차오른 눈물이 뺨을 타고 흘러내렸다. 이 같은 감정을 너무나도 많이 반복하여 느낀 탓일까. 그녀는 눈물이 흐른다는 사실조차 알지 못하는 것 같았다. 무거운 침묵이 이어졌다.

그때 아이의 목소리가 들려왔다. 인터뷰가 진행되는

올레나 슈첸코.

동안 마당 한편에서 놀고 있던 올레나의 딸 일리나(가명)였다. 아이가 올레나를 향해 알록달록한 공을 굴려 보냈다. 어머니의 슬픔을 위로라도 하려는 듯 말이다. 발에 공이 와 닿자 올레나의 얼굴에 옅은 미소가 떠올랐다. 그녀는 고개를 돌려 아이를 바라보곤 싱긋 웃었다. 저 아이는 그녀가 살아남아야만 했던 이유였다.

"저는 언제나 이 아이를 생각합니다. 아직은 너무 어린 나이지만 언젠가는 아이에게 모든 사실을 말해 줄 것입니다. 할아버지와 할머니, 삼촌이 우크라이나를 위해 어떤 일들을 해냈는지 평생 기억하도록 할 것입니다. 그리고 무엇보다 그들이 이 아이를 얼마나 사랑했는지를 느끼게 해줄 것입니다."

인터뷰를 마친 뒤 우리는 주민의 안내를 받아 마을의 공동묘지를 찾았다. 올랴와 이고르, 올렉산더가 묻혀 있는 곳에 가서 그들의 거룩한 희생에 조의와 경의를 표하고 싶었기 때문이다. 우리를 안내해 준 마을 주민은 "묘지까지 가는 동안 반드시 내가 발 디딘 곳만 밟으며 따라와야 한다"고 당부했다. 지뢰 때문이었다. 그는 "러시아군이 곳곳에 지뢰를 심어놨다"면서 "지난주에도 이 주변에서 지뢰가 발견됐다"고 말했다. 불안한 마음으로 한 걸음 한 걸음을 내딛다 보니 어느새 세 사람의 무덤 앞에 도착할 수 있었다.

날이 무척이나 흐렸고 하늘에선 가는 비가 내리고 있었다. 올랴, 이고르, 올렉산더는 묘지 입구에 나란히 묻혀 있었다. 그들의 무덤 앞은 주민들이 놓아둔 꽃으로 가득했다. 마을 사람들은 자신들을 위해 목숨을 바친 이 세 사람을 기억하기 위해 커다란 화환을 들고 지뢰밭 사이를 걸어왔을 것이다. 이 모든 마음들을 생각하며 무덤 앞에서 눈을 감았다.

×××

인터뷰가 끝나고 3일이 지난 뒤 통역을 도와준 세르게이에게 올레나가 긴 문자메시지를 보내왔다. 간단히 요약하면 '인터뷰를 해줘서 고맙다. 우크라이나 기자들은 잔인한 질문을 아무렇지 않게 던졌지만 당신들은 나의 감정을 이해하며 상당히 공손한 태도로 인터뷰를 했다. 당신들을 만나 가슴속에 있는 이야기를 하고 나니 조금은 치유된 것 같은 기분이다'라는 내용이었다.

　많은 생각이 들었다. 먼저 과거의 내 모습이 떠올랐다. 지금보다도 연차가 낮을 때, 사회부 기자로 수많은

커다란 화환이 가득한 올레나 가족의 묘.

참사 현장을 취재했다. 그곳에서 수많은 올레나들을 만났다. 나는 무의식적으로, 때로는 뻔히 알면서도 그들에게 상처가 되는 질문을 던지곤 했다. 그들이 꺼내고 싶지 않은 기억일수록 기사의 내용은 더 생생해지니까….

만일 내가 우크라이나어를 유창하게 사용할 수 있었다면, 그래서 통역 없이 올레나와 자유롭게 대화가 가능했더라면 어떤 질문을 던졌을까. 나는 익숙지 않은 영어로 세르게이에게 질문을 전달했고, 그러면 세르게이가 그 질문을 우크라이나어로 번역해 올레나에게 건넸다. 이러한 언어의 제약 없이 마음껏 묻고 싶은 대로 물을 수 있었다면 그때에도 내가 올레나에게 이런 연락을 받을 수 있었을까.

올레나의 문자메시지는 아직도 내 마음 한편에 남아 있다.

러군 점령한 마을에 남아 … '생의 끝'까지 주민 지켰다 – 2022년 7월 13일 뉴스

앵커   이번엔 우크라이나 소식입니다. 러시아군이 점령한 마을에 남아서 끝까지 사람들을 돕던 시장의 가족들이 러시아군에 살해당했습니다. 무슨 일이 있었던 건지, 저희 취재진이 유족을 만나봤습니다. 우크라이나에서 김민관 기자가 전해드립니다.

기자   지난 2월 우크라이나 키이우 외곽의 모티즌시에 러시아군 탱크가 들어왔습니다. 올랴 시장과 그 가족들은 불안에 떠는 주민들을 돌봐야 했습니다.

올레나(올랴 시장의 딸)   우리 가족은 노인들에게 필요한 의약품을 모은 뒤 집으로 찾아가 나눠줬습니다.

기자   러시아군은 점점 포악해져 갔습니다. 올랴 시장의 남편 이고르와 아들 올렉산더는 목숨을 건 탈출 작전을 세워 실행에 옮겼습니다.

올레나(올랴 시장의 딸) 마을을 빠져나올 때 러시아군의 총에
맞아 쓰러진 사람들이 보였습니다. 모두가 죄 없는
사람들이었습니다.

기자 시장의 딸 올레나는 자신의 딸을 지켜야 했기에 마을
을 빠져나왔습니다. 하지만 그녀의 아버지는 주민들
을 더 구하겠다며 마을로 돌아갔습니다. 그것이 마지
막 인사였습니다.

올레나(올랴 시장의 딸) 이웃에게서 부모님과 남동생이 납치
를 당했다고 들었습니다. 그리고 그 이후 어떤 연락
도 받지 못했습니다.

기자 열흘 뒤 그녀의 가족은 싸늘한 주검으로 발견되었습
니다.

올레나(올랴 시장의 딸) 나는 도대체 왜 혼자 살아 있는 걸까?
앞으로 무엇을 위해 살아야 하는 걸까? 도무지 현실
을 받아들일 수 없었습니다.

기자 올레나는 희생된 가족의 헌신을 기억하기 위해 끝까

지 살아남겠다며 러시아군의 전쟁범죄를 규탄했습니다.

올레나(올랴 시장의 딸) 나의 딸이 우리 가족들에게 받은 사랑, 그리고 그들의 애국심과 헌신을 기억하길 바랍니다. 이를 위해 나는 모든 것을 다할 것입니다.

우크라이나발 곡물 위기의 현장을 가다

우크라이나 전쟁이 만들어낸 부수적 피해collateral damage[＊]
중 하나는 전 세계적인 곡물 위기이다. 우크라이나는
'유럽의 빵 주머니'라는 별명이 붙을 만큼 유럽의 대표
적인 곡창지대다. 2021년에는 전 세계에 2000만 톤의
밀을 수출하기도 했다.

하지만 러시아 함정이 곡물의 주 수출 통로인 흑해
를 봉쇄해 버리면서 우크라이나에서 생산된 밀은 갈 곳
을 잃어버렸다. 우크라이나의 농장 창고마다 밀이 쌓여
가고 있지만, 전 세계는 밀 공급 부족에 시달리고 있는
중이다. 밀 가격은 폭등하기 시작했고 심한 가뭄을 겪
고 있던 아프리카의 기근은 더욱 심각해지고 있다. 세계
은행은 우크라이나 전쟁이 계속된다면 전 세계는 '인류

＊　군사 행동으로 인해 민간인이 입게 되는 인적·물적 피해를 가리
키는 말.

대재앙급' 식량 위기를 겪게 될 수 있다고 경고하기도 했다. 여기까지가 내가 언론을 통해 접해온 이야기다.

우리는 현장을 직접 확인하기 위해 키이우에서 조금 멀리 떨어져 있는 농장을 찾아갔다(인터뷰이의 부탁으로 구체적인 지명은 밝히지 않는다). 차를 타고 두 시간 정도 달렸을까, 차창 너머로 황금색 밀밭이 끝없이 펼쳐졌다. 하늘은 구름 한 점 없이 맑고 투명했다. 우크라이나 국기와 똑 닮은 그림 같은 풍경이었다. 실제로 우크라이나 국기의 노란색은 밀을, 파란색은 푸른 하늘을 상징한다고 한다.

밀밭 사이로 난 길을 따라 한참을 달리다 보니 거대한 창고와 저장탑이 나왔다. 이 농장의 주인인 니콜라이가 손을 흔들며 우리를 맞이해 주었다. 니콜라이는 자신의 농장이 우크라이나 중부 지역에선 다섯 손가락 안에 드는 규모라고 소개하며 농장 옆에 자리한 창고 안으로 우리를 안내했다.

창고는 어림잡아도 2000평은 넘어 보이는 거대한 크기였다. 문을 열고 안으로 들어가니 옥수수가 말 그대로 산처럼 쌓여 있었다. 니콜라이는 평소 같으면 지금 이 시기에는 창고가 텅 비어 있어야 정상이라고 말했다. 하지만 이 지역 농부들이 흑해로 곡물을 내보낼 때 이용하

창고 안에 가득 쌓여 있는 옥수수.

는 오데사 항구가 러시아군에 의해 막혀버리면서 갈 곳
을 잃어버린 곡물들이 창고 안에 계속해서 쌓이고 있다
고 했다. 게다가 저장 시설을 갖추지 못한 이웃 농부들
의 곡물까지 이곳에 보관해 주고 있었다. 늦어도 2주 뒤
에는 밀을 수확해야 하는데 그때까지 흑해 항로가 뚫리
지 않는다면 그 곡물들을 보관할 장소조차 마땅치 않은
상황이라고 했다.

　시간이 조금 걸리더라도 육로로 곡물을 수출하는 건
불가능한 상황이냐고 그에게 물어보았다. 국경을 통과

할 때마다 거대한 덤프트럭이 오가는 모습을 봤기 때문이다. 니콜라이는 여기서부터는 언론에 나가선 안 된다고 말했다. 불필요한 오해가 생길지도 모른다는 이유에서였다. 그러면서 전쟁으로 인한 농부들의 어려움을 이용하려는 누군가가 있다고 주장했다.

"전쟁이 시작되기 전 농부들은 도매업자들에게 톤당 9000흐리우냐에 밀을 판매해 왔습니다. 하지만 지금은 3분의 1 가격인 3000흐리우냐에 판매를 할 수밖에 없는 상황입니다. 이 가격이 어떻게 만들어지는지 정확히 알지는 못합니다. 다만 지금 시세가 그렇습니다.

물론 곡물을 버리는 것보다야 누군가에게 파는 게 이익인 건 맞습니다. 하지만 이렇게 헐값에 곡물을 팔다 보면 모든 농부들이 파산할 수밖에 없습니다. 그나마 저처럼 큰 농장을 운영하는 사람들은 겨우 버티고 있지만 작은 농장을 운영하는 많은 친구들이 이미 파산하고 있습니다. 그들을 돕기 위해 창고를 개방해 놨는데 이제는 이렇게라도 버티는 게 쉽지가 않습니다. 농부들이 다 파산하고 나면 앞으로 이 땅에서 누가 곡물을 생산해낼 수 있을까요."

생방송이 예정되어 있던 터라 니콜라이와의 인터뷰를 도중에 멈추고 밀밭으로 나갔다. 기지국이 있는 키이우에서 꽤 떨어져 있는 곳인 만큼 전파가 제대로 터지는지 확인해야 했다. 김재식 기자가 전파 상황을 점검하는 동안 나는 원고를 외우며 생방송을 준비했다.

이날 방송에서 다루기로 한 주된 이야기는 우크라이나 전쟁이 촉발한 곡물 가격 폭등이었다. 수확을 앞둔 밀밭을 실시간으로 보여주며 항구가 봉쇄된 탓에 이 많은 밀들이 갈 곳을 잃어버렸다는 걸 시청자들에게 전달할 계획이었다. 생방송을 준비하는 내내 니콜라이가 마지막에 한 말이 머릿속을 떠나지 않았다. 하지만 그 내

우크라이나 밀밭을 배경으로 뉴스 생방송을 진행했다.

용을 시청자들에게 전달하진 않았다. 뉴스에 내보내지 말아 달라는 니콜라이의 부탁이 있었고 무엇보다 내가 직접 사실관계를 확인해 보지 않았기 때문이다.

그늘 한 점 없는 밀밭에 서서 방송을 진행한 탓일까, 방송이 끝나자마자 머리가 핑 돌았다. 니콜라이에게 묻고 싶은 게 많이 남아 있었지만 그는 지역 농부들과 대책 회의를 하기 위해 자리를 떠난 뒤였다. 농장을 나오면서도 니콜라이가 인터뷰 끝자락에 해준 이야기에 대해 계속 생각했다. 우크라이나 농부들의 곡물을 이른바 '후려치기'해 사 가려는 사람들은 누구일까. 우크라이나의 도매업자들일까 아니면 주변 국가의 도매업자들일까. 전쟁이 계속될수록 사람들은 더더욱 궁지에 몰리고 저마다 살길을 찾아 발버둥 칠 수밖에 없을 것이다. 그런 이들을 어떻게 바라봐야 할 것인가. 나로서는 도무지 답을 내릴 수 없는 물음들이 전쟁의 장면 장면마다 이어진다.*

---

*   곡물 수출 문제는 2022년 7월 22일 유엔과 튀르키예의 중재로 맺어진 '흑해 곡물 수출 협정'으로 잠시간 숨통이 트였다. 러시아는 튀르키예의 감독하에 우크라이나의 곡물 수출을 허용하고 국제사회는 러시아의 곡물 및 비료 수출을 제재하지 않기로 했다. 그러나 2023년 7월 17일 러시아가 협정 종료를 선언하며 전 세계적 식량 위기에 대한 우려가 다시금 커지고 있는 상황이다.

어느 무명용사의 장례식

키이우로 돌아가는 길에 작은 마을에 들렀다. 차에 기름을 넣고 조금 쉬다 가기로 했다. 주유하는 동안 차에서 내려 스트레칭을 했다. 그런데 저 멀리 특이한 행렬이 눈에 띄었다. 커다란 나무 십자가와 높이 솟은 채 나부끼는 깃발 뒤로 긴 줄이 이어졌다. 세르게이는 깃발이 있는 것으로 볼 때 전사한 군인의 장례식인 것 같다고 말했다.

그 말을 듣자마자 김재식 기자는 곧바로 카메라를 챙겨 행렬을 향해 달려갔다. 나도 수첩을 꺼내 그 뒤를 따라 달렸다. 점점 더 또렷하게 행렬의 모습이 보이기 시작했다. 어림잡아 백 명이 넘는 이들이 행렬을 이루었는데 맨 앞에는 운구 차량과 군복을 입은 군인들 그리고 유가족으로 보이는 사람들이 있었다. 이 중에서도 나의 눈길을 사로잡은 건 전사한 군인에게 예우를 표하는 시민들의 모습이었다. 집 안에 있던 사람들은 밖으로 나왔고, 차를 타고 지나가던 사람들도 갓길에 주차를 하고 차에서 내렸다. 그러고는 행렬을 향해 무릎을 꿇고 명복을 빌었다. 고향에 돌아온 영웅에게 보내는 마지막 인사였다.

행렬이 향한 곳은 교회였다. 여섯 명의 군인이 운구 차량에서 관을 내려 교회 안으로 들고 들어갔다. 사제는 숨진 군인을 위한 추도문을 읽어 내려갔다. 영웅의 이름은 안드리. 어린 두 아들을 둔 아버지였다. 2014년에도 러시아군에 맞서 동부 전선을 지킨 안드리는 이제는 가족들과 편안한 시간을 보내고 싶다며 지난해 고향으로 돌아왔다. 하지만 러시아의 침공 소식이 들리자마자 주저하지 않고 전장으로 다시 달려가 5개월간 돈바스 지역에서 목숨을 걸고 전투에 임했다. 그리고 2022년 7월 5일 새벽 미사일에 맞아 전사했다. 사제는 천국에 간 안드리가 편히 쉴 수 있도록 눈물을 거두고 기쁜 마음으로 그와 작별 인사를 나누자고 말했다.

제단 앞에 놓인 안드리의 관 앞에서 사람들이 마지막 인사를 건넸다. 누군가는 꽃을, 누군가는 입맞춤을 남겼다. 누군가는 눈물로 인사를 대신했다. 그 모습을 가만히 지켜보던 한 여인이 관 앞으로 천천히 다가갔다.

그러고는 관을 부둥켜안고 엎드렸다. 안드리의 어머니였다. 그녀의 몸이 조금씩 들썩이기 시작했다. 가느다란 흐느낌이 들렸다. 숨이 콱 막힌 듯 울음조차 제대로 내뱉지 못했다. 그러다 소리가 점점 더 터져 나왔다. 울음이 아닌 절규였다. 도무지 가늠할 길 없는 슬픔을 내뱉는 처절한 비명이었다. 모두가 가만히 그 모습을 지켜볼 수밖에 없었다. 사제가 다가와 그녀의 등을 다독이고 나서야 그녀는 힘겹게 가슴에서 차가운 관을 떼어냈다.

안드리의 관은 마을 공동묘지에 묻혔다. 그곳에는 이미 묘비 다섯 개가 세워져 있었다. 비석에 새겨진 사망 년도는 모두 2022년이었다. 조금 전까지만 해도 맑았던 하늘이 먹구름으로 뒤덮여 있었다. 군인들이 하늘을 향해 조총弔銃을 쏜 뒤 국가를 부르며 관 위를 흙으로 덮었다. "우리는 자유를 위해 마음과 몸을 내려놓는다." 우크라이나 국가의 가사처럼 이 젊은 군인은 조국의 자유를 위해 모든 걸 바쳤다. 다만 그가 남기고 간 빈자리는 무엇으로 채울 수 있을까. 아들의 무덤 앞에서 끝내는 더 내지를 비명조차 없어 가슴께를 움켜쥐고 쓰러진 어머니의 마음은 무엇으로 달랠 수 있을까.

전쟁에 관찰자는 없다

이 장의 인터뷰는 2022년 10월 한국에서 진행했다. 주인공은 국제의용군 소속으로 7개월간 우크라이나 전쟁에 참전했던 조휘진 씨다. 전쟁이 군인들만의 이야기는 아니지만, 가장 앞에서 전쟁을 감내하는 건 결국 군인의 몫이다. 안드리의 장례식을 보면서 무명용사들이 전장에서 느끼는 감정들, 역사에는 기록되지 않을 그들 낱낱의 이야기 또한 기록하고 기억하고 싶었다.

우크라이나에서도 군인들을 종종 만났지만 대부분은 인터뷰를 거부했다. 인터뷰에 응한다 하더라도 보안상의 이유로 구체적인 답변을 피했다. 조휘진 씨 역시 마찬가지였다. 우리는 조휘진 씨가 의용군으로 참전했다는 소식을 들은 지난 4월부터 그의 현지 연락처를 구해 지속적으로 연락을 해왔다. 안전과 보안상의 이유 등으로 들을 수 있는 이야기는 극히 제한적이었지만 6개

월 넘게 꾸준히 연락했다. 그 덕에 조휘진 씨가 한국에
돌아온 바로 다음 날 단독 인터뷰를 진행할 수 있었다.

　사진으로 본 조휘진 씨는 큰 키에 건장한 체격, 부리
부리한 눈매를 가진 강인한 남성이었다. 하지만 인터뷰
장소에 나타난 그는 사진과는 전혀 다른 모습이었다. 재
킷과 바지가 바람에 펄럭일 정도로 깡마른 몸, 양팔을
휘적이는 걸음걸이, 어딘지 멍해 보이는 눈빛. 삶과 죽
음의 경계를 아슬아슬하게 지나왔다는 걸 그의 표정과
눈빛, 몸동작을 통해 알 수 있었다. 그는 도대체 왜 목숨
을 걸고 그 먼 곳에 가기로 결정한 걸까. 가장 궁금했던
것부터 물어보았다.

　"전쟁터에는 아이들이 있으면 안 되는 건데 그래도
군대라도 다녀온 나 같은 사람이 거기 서 있어야 된
다는 생각이 컸죠. 저를 포함해서 한국인 의용군들
은 대부분 동부 전선에 있었어요. 정확히 어느 지역
이었는지까지는 말씀드리기 어려울 것 같습니다. 다
만 기본적으로는 일반적인 보병부대가 하는 임무를
맡았어요. 그것도 자세하게 말씀드릴 수 있는 시점
은 아닌 것 같습니다. 아직 전쟁이 진행되고 있으니
까요.

러시아군은 일부러 새벽에 공격을 해요. 잠을 안 재우려고 그런 것 같아요. 새벽 1시라든가 새벽 4시 라든가 그러면 자다가 터지는 소리에 깜짝 놀라 일 어나는 게 일상이 돼요. 이런 일이 계속해서 반복되 다 보니 언제부턴가 이게 진짜 현실인지 아니면 꿈 속인지 구별이 안 되는 순간이 찾아와요. 분명히 폭 탄 소리를 듣고 잠에서 깨어났는데 동료들은 여전히 자고 있어요. 아침에 일어나 폭탄 소리를 나만 들었 냐고 물어보면 누군가는 진짜 폭탄이 터졌다고 말하 고 또 다른 누군가는 폭탄 같은 건 터지지 않았다고 말합니다. 머릿속이 뒤죽박죽돼 무엇이 진짜이고 무 엇이 가짜인지 알 수가 없는 상황이 벌어지는 거예 요. 이 혼란스러운 환각은 한국에 돌아온 지금까지 도 이어지고 있습니다.

한번은 미사일에 피격당해서 날아갔던 적이 있 어요. 저는 아직도 그런 생각을 해요. 내가 지금 살 아 있는 게 맞나… 사실은 내가 병원에 누워 있고 지 금 꿈을 꾸고 있는 건 아닐까. 그런 생각을 합니다. 당시의 그 충격이 제 몸에 어떤 영향을 미쳤는지는 잘 모르겠어요. 물리적인 피해보다는 아마 정신적인 피해가 더 큰 것 같습니다.

또 한번은 전선에서 잠시 빠져나와서 주변 도시로 쉬러 간 적이 있어요. 음식점에 들어갔는데 거기서 냉장고 소리를 듣고 소스라치게 놀랐습니다. 폭탄이 터졌다고 생각한 것 같아요. 저는 제가 그렇게 겁이 많은 사람이라고 생각했던 적은 없어요. 하지만 전쟁을 겪으면서 완전히 변해버렸어요. 전선으로 돌아가 동료들과 얘기를 해보니 다들 이런 비슷한 트라우마를 겪고 있다는 걸 알게 됐습니다. 그 순간 내가 우크라이나를 떠나 한국으로 돌아가더라도 완전히 일상으로 복귀하기까지 꽤 긴 시간이 걸리겠다는 생각을 하게 되었어요.

많은 사람들은 군인들이 관찰자 시점으로 전쟁에 임할 것이라고 생각해요. 전쟁에서 무엇을 봤는지 물어보곤 하죠. 하지만 저희도 사실 참상의 일부였습니다. 매일 두려움에 떨었어요. 포격 소리가 들리면 한두 번이야 그냥 용감하다고 생각하고 버텨낼 수 있겠지만 그게 하루 이틀 지나 한 달, 두 달, 세 달이 되다 보면 거기 왜 갔는지조차 점차 까먹게 돼요. 일단 내가 왜 여기에 있는지 이런 생각 자체를 하기가 힘들어져요.

전장에 있으면 항상 스트레스 속에 살아갑니다.

저하고 같이 근무했던 병사들 대부분이 어딘가 고장이 나고 있던 거예요. 누군가는 그 사실을 알고 있었고 또 누군가는 모르고 있었죠. 하지만 스스로 고장나고 있다는 걸 안다고 하더라도 피할 수 있는 방법은 없었어요. 하루하루 극한 상황에서 살아가다 보니 정신을 잃고 미쳐버리는 동료들도 본 적이 있습니다. 종종 자살하는 병사들도 있었어요. 너무 힘들어서 동료한테, 너무 가까운 동료가 죽어가지고 내가 수습을 못 하겠으니까 대신 좀 해달라고 부탁할 때도 있었고요. 아마 전장 밖에서는 이해가 가지 않을 겁니다. 자살할 정도로 힘들면 전장을 빠져나오면 되지 왜 그런 선택을 하느냐고 생각할 거예요. 사실 본인이 원하면 의용군들은 언제든 집으로 돌아갈 수 있습니다. 하지만 그곳에 있는 사람들은 그렇게까지 깊은 생각을 하기가 힘들어요. 그 상황에 매몰돼 판단 능력을 상실해 버리는 겁니다.

이상한 일들이 많았습니다. 상사 앞에 나체로 나타난다든가 아니면 나체 상태로 물구나무서기를 한다든가 그런 건 위험하지는 않아요. 그런데 포탄이 떨어지고 있는데 문을 열었던 친구가 있어요. 그 친구가 서 있는 곳에서 10미터인가 15미터 앞으로 포탄이 떨어지더라고요. 다행히도 불발탄이었어요. 그게 터졌으면 아마… 어떻게 됐을까요…. 전부 다 행동하는 게 조금씩 이상해져 갔습니다. 그렇다고 해서 겁에 질려서 도망치는 병사는 한 명도 못 봤어요. 오히려 그렇게 도망쳤다면 완전히 정신이 피폐해지지는 않았겠죠.

그러다 가끔 도시에 나와서 민간인들이 삶을 영위하는 모습들을 보면 내가 저 사람들을 지키러 여기 왔었구나 하고 상기해 볼 수 있습니다. 전선으로 돌아가면 또다시 그런 삶이 반복되지만요. 내가 여기에 왜 왔는지 그 이유를 떠올리기가 다시 어려워져요.

결정적으로 나오게 된 계기는 손이 떨리기 시작하더라고요. 그러니까 더 이상 총을 잡을 수 있는 상태가 아니었어요. 동료 중 한 명이 저에게 이제 할 만큼 했으니 나가는 게 좋을 것 같다고 말했습니다. 제 상태가 너무 이상하다고요. 사실 자기 자신은 스스로 미쳐가는 걸 알 수 없습니다. 이전에는 제가 동료들에게 그런 조언을 해주는 역할을 했었죠. 그런데 이제는 제 동료가 저에게 한계에 다다랐으니 이곳을 빠져나가라고 한 겁니다. 저 역시도 스스로 한

계라는 걸 느끼고 결국 우크라이나를 빠져나오게 됐습니다.

우크라이나 사람들이 여전히 눈에 밟혀요. 제 머리 위로 미사일이나 포탄이 지나가는 거예요. 하늘로 지나가는 게 보이거든요. 앞에 있는 군인들을 노리는 게 아니라 제 뒤에 있는 민간인들을 노려요. 그런데도 우크라이나 국민들은 거기서 벗어나지 않고 그냥 살아가고 있습니다. 살만해서 살고 있는 건 아니겠죠. 매일같이 옆에서 터지는 소리가 들리고 죽는 사람이 나오는데 그런 데서 살고 싶은 사람이 누가 있겠어요. 그분들이 거기서 어떻게, 왜 사는지까지는 모르겠지만 확실히 말할 수 있는 건 우크라이나 국민들은 생각보다 강하다는 겁니다. 어쩔 때는 전선에서 다친 병사를 민간인들이 와서 구출할 때도 있었어요. 러시아군을 막고 있는 게 제가 보기에는 우크라이나군이라기보다는 우크라이나 국민들이라는 느낌을 받았습니다. 탱크가 쳐들어올 때 그 앞을 막아서는 것도 민간인들이었습니다.

우리가 러시아군을 죽이는 입장이긴 하지만 러시아군의 시체라고 해서 느껴지는 감정이 그렇게 크게 다르지는 않았어요. 그 병사들이 끌려왔다는 걸 알고 있으니까요. 러시아군들이 편하게 지냈을 리는 없거든요. 우리가 굶었다면 걔네들은 더 굶었을 거고요. 그런 모습을 보면서 다른 생각이 들 겨를은 없었습니다. 그냥 참사였습니다. 모든 것이.

전쟁을 겪은 뒤 가치관이 많이 변했어요. 거기에 있다 보면 그냥 하늘 위를 쳐다보는 거 자체를 할 수가 없거든요. 처음 전장에서 빠져나와서 그냥 하늘을 쳐다본다든가 그냥 앉아서 담배를 피운다든가 그런 게 되게 이상하더라고요. 그 안에서는 뭔가 좋은 집, 편안한 침대 그런 거를 바라고 살지는 않았죠. 오히려 흙구덩이에 들어가 있어도 거기에 포탄이 안 떨어지기를 바라지. 들어가 보니까 생각보다 사람이 사는 데 많은 게 필요하지 않다는 걸 알게 됐습니다.

전장으로 돌아갈 계획을 가지고 있는 건 아닙니다. 훗날 재건이 끝나고 나면 그때 우크라이나에 다시 가서 그곳을 돌아보면서 내가 이곳에 왔었던 게 충분히 가치 있는 일이었다 하는 걸 느낄 수 있으면 참 좋겠습니다.”

우리 법은 의용군으로 참전하는 행위를 금지하고 있다. 외교부는 “여행 금지 구역인 우크라이나에 예외적 여권 사용 허가 없이 입국하는 건 행정 제재 및 형사처벌 대상"이라는 공식 입장을 밝히기도 했다. 의용군으로 활동하다 러시아군에 붙잡힐 경우 국가 간 외교 문제로 번질 위험성도 있다. 조휘진 씨의 행동을 무작정 옹호할 수만은 없는 이유다. 이 인터뷰를 뉴스로 내보내면서는 이런 현실적인 문제점들도 함께 전달했다.

그러나 개인적으로는 조휘진 씨의 행동에 대해 법적인 잘잘못을 세세하게 따지고 싶지 않았다. 그는 모든 법과 규칙이 적나라하게 무시되는, 오로지 폭력만이 모든 것을 결정하는 곳으로 스스로 걸어 들어갔다. 돈을 받는 것도 명예가 주어지는 일도 아니었다. 죽을 수도 있었고 운 좋게 돌아온 이후에는 처벌까지 감수해야 했는데도 그는 그저 "총을 든 여자아이의 사진 한 장을 보고 참전을 결심했다. 그게 전부였다"고 말했다.

키이우에 미사일이 떨어졌다는 뉴스 속보 한 줄에도 불안에 떨던 나는 그의 신념을 감히 이해할 수 없었다. 나의 가치판단은 최대한 배제하고 그의 말을 있는 그대로 이 종이 위에 남겨두고자 한 이유이다.

한국인 우크라 의용군의 증언 "러군, 민간인 의도적 노려" – 2022년 10월 3일 뉴스

앵커 푸틴 러시아 대통령이 우크라이나에서 핵무기를 쓸 수 있다고 해서 우려가 커지고 있습니다. JTBC는 최근 우크라이나 의용군으로 싸우다 돌아온 한국인 조휘진 씨를 만났는데, 러시아군이 의도적으로 민간인을 노렸다고 말했습니다. 당국의 허락 없이 다녀온 조 씨는 경찰 조사를 받았습니다.
김민관 기자입니다.

조휘진 (작전 중에) 미사일에 피격당해서 날아갔던 적이 있어요. 내가 지금 살아 있는 게 맞나….

기자 우크라이나 전쟁 초기부터 동부 전선에서 싸운 조휘진 씨. 전쟁의 참상을 생생하게 전했습니다.

조휘진 일부러 (러시아군이) 새벽에 공격을 해요. 잠을 안 재우려고. 새벽 1시라든가 새벽 4시라든가 그러면 자다가 터지는 소리에 깜짝 놀라 일어나죠.

기자   특히 러시아군이 의도적으로 민간인을 노렸다고 증 언했습니다.

조휘진 제 머리 위로 (러시아군이 쏜) 미사일이나 포탄이 지 나가는 거예요. 하늘로 지나가는 게 보이거든요. 앞 에 있는 군인들을 노리는 게 아니라 제 뒤에 있는 민 간인들을 노려요.

기자   조 씨가 의용군으로 참전한 건 죄 없는 민간인들의 희생을 막아보려는 이유입니다.

조휘진 전쟁터에는 아이들이 있으면 안 되는 건데 그래도 군 대라도 다녀온 나 같은 사람이 거기 서 있어야 된다 는 생각이 컸죠.

기자   하지만 7개월 가까이 지내면서 몸과 마음이 지쳤다 고 토로했습니다.

조휘진 너무 힘들어서 동료한테, 너무 가까운 동료가 죽어서 내가 (시신을) 수습 못 하겠으니까 대신 좀 해달라고 부탁할 때도 있었고요.

기자 조 씨는 자신이 실정법을 위반한 만큼 당연히 처분도

받을 것이라고 밝혔습니다.

키이우에 떨어진 미사일,
러시아인 예카테리나는 가족을 잃었다

두 번째 출장을 떠나기 이틀 전, 스마트폰 화면 위로 키이우 중심부에 미사일이 떨어졌다는 뉴스 속보가 표시됐다. 나는 그 기사를 애써 외면했다. 끝까지 클릭하지 못했다. 기사에 담겨 있을 사진, 적혀 있을 피해 규모를 굳이 알고 싶지 않았기 때문이다.

속보가 있고 잠시 후, 텔레그램 메시지 한 통이 도착했다. 우크라이나에서 취재를 도와줄 세르게이였다. '키이우는 당신 생각보다 훨씬 위험하다. 폭격 소식을 듣고 한국 언론사 한 곳은 입국을 취소했다. 취재 계획에 변동이 없느냐'고 물어봤다. 나는 '모든 것이 괜찮을 것'이라는 짤막한 답장을 보냈다. 하지만 답장을 치는 손가락이 나도 모르게 떨리고 있었다.

키이우에 들어간 지 일주일이 지나고 나서야 우리는 문제의 폭격 장소로 향했다. 내가 머물고 있던 호텔과 차로 5분 정도 떨어진 곳이었다. 언제라도 갈 수 있는 위치였지만 그동안에는 선뜻 마음이 내키지 않았다. 가까스로 억눌러 오던 불안감이 다시금 고개를 들 것만 같았기 때문이다.

그렇게 찾아간 현장에는 폭격의 흔적이 여전히 고스란히 남아 있었다. 차에서 내리자마자 가장 먼저 탄 냄새가 훅 하고 콧속을 파고들었다. 미사일이 떨어진 9층짜리 아파트의 상층부는 형체를 알아보기 힘들 만큼 부서져 있었다. 지붕은 폭삭 주저앉았고 벽면에는 커다란 구멍이 뚫려 거의 뼈대만 남아 있었다. 주변에 있는 집들도 폭격의 여파로 유리창이 산산조각 난 상태였다. 깨진 유리 조각이 길거리 여기저기에 그냥 널브러져 있었다. 우크라이나 정부는 부서진 건물을 복구할 여력이 없는 듯했다. 건물 주변으로 빨간색 폴리스라인을 치고 사람들의 접근을 막는 게 전부였다.

미사일이 떨어진 시간은 2022년 6월 26일 새벽 6시 30분. 그때 아파트 안에는 올렉시와 예카테리나 부부 그리고 그들의 일곱 살배기 딸 제냐가 잠들어 있었다. 무너진 벽돌 더미 아래서 예카테리나와 제냐가 먼저 구조됐다. 온몸이 피로 뒤덮였지만 모녀는 기적적으로 목숨을 건졌다. 하지만 마지막에 발견된 아버지 올렉시는

폭격으로 엉망이 된 아파트. 현장에는 여전히 탄 냄새가 가득했다.

끝내 숨을 되찾지 못했다.

폭격 당시 아파트 주민의 대부분은 집을 비우고 피란을 간 상태였다. 하지만 러시아군이 쏜 한 발의 미사일은 하필 예카테리나 가족의 침대 위로 정확히 떨어졌다. 이름에서 짐작할 수 있듯 예카테리나의 국적은 러시아다. 그녀가 살아남은 딸아이에게 조국에 대해 무슨 이야기를 해줄 수 있을까. 이 가족에게 왜 이런 비극이 찾아와야만 했던 것일까.

우리는 수소문 끝에 올렉산드리아라는 이름의 여성을 만났다. 그녀는 올렉시의 소꿉친구이자, 가장 가까이서 이 가족의 비극을 목격한 사람이었다. SNS를 통해 예카테리나 모녀를 돕기 위한 모금 활동도 하고 있었다.

올렉산드리아의 집은 폭격 지점에서 10분 정도 거리에 위치해 있었다. 집 앞 공원에서 인터뷰를 하기로 하고 그녀를 기다렸다. 그녀는 약속 장소로 걸어오는 내내 주변을 두리번거렸다. 인터뷰를 위해 마이크 음량을 조절하고 있을 때 하늘에서 빗방울이 뚝뚝 떨어지기 시작했다. 아름드리나무 아래서 비가 그치길 기다려 봤지만 빗방울은 점점 더 굵어졌다. 어쩔 수 없이 공원 한편에 위치한 작은 터널로 이동해 인터뷰를 시작했다.

"그날 새벽 올렉시의 형에게 전화를 받았습니다. SNS에 올라온 폭격 영상 속 아파트가 올렉시의 집처럼 보인다는 내용이었습니다. 곧바로 올렉시와 예카테리나에게 연달아 전화를 걸었지만 둘 다 받지 않았죠. 무언가 잘못됐다는 직감이 들었습니다.

내 남편이 곧장 올렉시의 집으로 향했습니다. 우리 두 가족은 정말 형제자매처럼 지냈습니다. 동갑내기 딸들은 서로에게 둘도 없는 친구였고요. 올렉시의 아파트 앞에는 이미 경찰이 폴리스라인을 치고 출입을 통제하고 있었습니다. 여기서 좀 더 떨어진 곳에 살던 올렉시의 형도 사고 장소에 곧 도착했습니다.

잠시 뒤 한 여자아이가 발견됐다는 소식이 들렸습니다. 제냐였습니다. 그리고 십 분 뒤 예카테리나도 발견이 됐습니다. 두 사람 모두 숨이 붙어 있었습니다. 올렉시 역시 곧 구조되겠구나 생각하며 조금은 안심했죠. 하지만 한 시간이 지나고 두 시간이 지나도 올렉시는 발견되지 않았습니다. 그리고 아마 그날 오후 5시 정도였을 겁니다. 경찰이 올렉시의 사망 소식을 공식적으로 발표했습니다. 너무나도 큰 고통이었습니다.

우리 딸 카챠와 제냐는 서로가 서로에게 둘도 없는 친구였습니다. 나는 딸과 함께 예카테리나와 제냐가 입원해 있는 병실에 병문안을 갔습니다. 제냐는 생각보다 일찍 기운을 차렸죠. 아이들 앞에서 울어선 안 됐지만 나도 모르게 계속 눈물이 흘렀습니다. 카챠가 나에게 물었죠. '엄마, 왜 자꾸 우는 거야?'라고 말이죠. 나는 우리가 더 이상 올렉시를 만날 수 없어서 그렇다고 말했습니다. 그러자 카챠는 해맑은 표정으로 '그럼 올렉시 아저씨에게 전화를 하자'라고 말했습니다. 아이들에게 이런 비극을 설명하는 건 정말 너무나도 어렵고 끔찍한 일입니다. 정말 너무나도 어려워서 그 방법을 도무지 모르겠습니다."

비교적 평정심을 잘 유지하던 올렉산드리아가 결국 눈물을 터뜨렸다. 우리는 잠시 카메라를 끄고 그녀가 진정되기를 기다렸다. 이곳에서 만난 사람들 대부분이 적어도 한 번씩은 북받쳐 오르는 감정 때문에 인터뷰 도중에 말을 멈추었다. 처음 그런 상황에 맞닥뜨렸을 땐 어떤 위로의 말이라도 건네야 하지 않을까 하는 생각을 했다. 하지만 인터뷰를 반복하면서 그들이 감정을 추스를 때까지 아무 말 없이 삼십 분이고 한 시간이고 그저 기다려주는 게 내가 할 수 있는 최선의 위로라는 걸 알게 되었다.

이날도 그녀가 스스로 감정을 다잡기를 기다리고 있었다. 그런데 그때 터널 끝에 굳게 닫혀 있던 철문이 열렸다. 커다란 군용차량이 상향등을 켜고 그곳에서 빠져 나오고 있었다. 군인 한 명이 차에서 내려 우리에게 다가왔다. 무엇을 하고 있냐고 묻기에 우리는 비가 너무 많이 내려 이곳에서 인터뷰를 하고 있다고 답했다. 잔뜩 찌푸린 얼굴을 한 그 군인은 철문은 절대 찍지 말라고 말한 뒤 다시 차에 올라탔다. 아마 이곳 역시 군사시설로 사용되고 있을 거란 짐작이 들었다.

차량이 떠나고 난 뒤 마주한 올렉산드리아의 표정을 아직도 잊을 수 없다. 조금 전까지 하염없이 눈물을 흘리던 그녀는 이제 사색이 된 얼굴로 그 자리에 서 있었다. 올렉산드리아는 이 마을은 오래전부터 대학이 있던 곳이라면서 군인이 있다는 걸 알면 이곳도 조만간 폭격을 맞게 될 것이라고 했다. 지금 빨리 집으로 돌아가 딸아이를 지켜야 할 것 같다고도 했다. 처음 걸어올 때처럼 주변을 두리번거리기 시작했고 말이 빨라졌다. 점점 불안감이 커지는 듯했고, 우리는 인터뷰를 중단할 수밖에 없었다.

그녀는 우리와 제대로 된 인사도 나누지 않고 장대비 속으로 뛰어 들어갔다. 집에 있는 딸에게 달려가는 것 같았다. 올렉산드리아 역시 누구보다도 절실하게 도움이 필요해 보였다.

시와 사진에 담긴 마음

우크라이나에서 SNS는 더 이상 인생의 낭비가 아니었다. 사람들은 폭격을 맞은 빌딩, 지뢰가 터진 옥수수밭, 시신이 나뒹구는 거리 등 전쟁의 참상을 페이스북과 인스타그램, 트위터를 이용해 실시간으로 전달했다. 가슴 아픈 사연이 공유될 때마다 전 세계에서 도움의 손길과 응원이 이어졌다. 우리가 모티즌 시장과 예카테리나 가족의 사연을 처음 접한 곳 역시 SNS였다. 나는 틈날 때마다 스마트폰을 켜고 SNS를 확인했다. 때로는 함께 분노하고, 때로는 함께 슬퍼하면서 말이다. 매일같이 올라오는 수많은 게시물 중 나의 시선이 가장 오랫동안 머물렀던 시 한 편이 있었다.

나는 보이지 않는 시를 쓰는 시인이다
살해당한 나의 독자들을 위해

나는 나의 새로운 시를 위해 무대 위에 서 있다
이 무대는 러시아군의 폭격으로 폐허가 된
마리우폴의 극장이다

내가 서 있는 무대는 더 이상 존재하지 않는다
더 이상 무대가 아니다
무대가 아닌 무덤이다

수천 명의 사람들이 산 채로 묻혔다
남자, 여자, 아이들
그리고 아직 태어나지 않았던 이들까지

전쟁은 시의 오케스트라적 구덩이다
그리고 보이지 않는 음악이 들려온다
우리 모두를 파편으로 꿰뚫으며,
책과 그 책을 읽는 사람들의 몸을 찢어가며

전쟁이라는 예술은 그 어떤 열렬한 박수 소리로도
뛰어넘을 수 없게 크게 들려온다
러시아 탱크와 미사일이 만들어내는 그 전쟁의 소리들

그리고 우크라이나어로 쓰인 나의 시들은
그저 절망의 노래일 뿐이다
제국의 폭발음보다 더 크게 들리길 원하는
절망의 노래일 뿐이다

죽음의 노래보다
망자의 침묵보다
산 자의 경직보다
더 크게 들리길 원한다

나의 시가 안전한 세상의 동정심보다
오랜 시간 전쟁을 겪지 않은 평화로운 땅에 살고 있는
이들의 침묵보다
더 커지길 원한다

국경 너머에서 우리를 보고 있는 이들의 침묵보다
자유의 저편에 안전하게 서서
이제는 세상에 존재하지 않는 도시의
세계지도에만 존재하던,
아니 이제는 존재하지 않는 도시가 된,

폭격을 맞은 무대에서 시를 읊는

길을 잃어버린 시인을 바라보는 이들의 침묵

나의 나라에선 행성조차 숨을 거두었다

러시아의 폭격 아래에서

당신은 마리우폴 극장의 무대를 바라보는 관객이다

그곳에선 산 채로 잔해 아래 묻혀버린 수천명의 합

창이 울려 퍼진다

피의 언어로 대화하는 이들의 목소리

나는 그들과 같은 영혼으로 살고 있다

같은 아픔으로 대화하는 목소리를 듣고 있다

그리고 생각한다

이것은 시이다

이것은 오락이다

이것은 장난감이다

생존이라는 희망을 유일하게 지닌 기차역,

그 한가운데 폭탄이 터져 누워 있을 때에도

가지고 놀 수 있는 장난감

나는 부서진 마리우폴의 극장 위에서

나의 새로운 시를 읊는다
하지만 이건 더 이상 시가 아니다

이건 우크라이나 시인의 목소리로 부르는
대량학살의 교향곡이다

오직 이런 시만이 전쟁이라는 오케스트라의 구덩이
에서
울려 퍼진다

그리고 침묵의 재가 시를 덮는다[*]

올레나는 우크라이나의 시인이다. 시라는 자신만의
언어로 전쟁을 고발했다. 그녀의 시를 읽으면 문장 사이
사이로 희생자들의 절규가 들려오는 듯하다. 눈을 감으
면 폭격으로 폐허가 된 우크라이나의 들과 바다가 선명
하게 그려진다. 그리고 깊은 곳 저 아래에서 흔들리지
않고 때를 기다리는 희망이 보인다.

[*] 올레나 헤라시미우크Olena Herasymyuk의 페이스북(facebook.
com/garryshow)에 있는 우크라이나어 시를 김기환(연세대학교
글로벌인재대학 국제통상전공 4학년)이 한국어로 옮겨주었다.

그녀의 시는 전선에서 쓰였다. 올레나는 시인이자 의용군이다. 하나의 생명이라도 더 살리기 위해 뜻을 함께하는 사람들과 의무병醫務兵부대를 조직했다. 스스로 응급치료법을 배우고 익혔다. 배낭 가득 구급약을 채우고 최전선을 누빈다.

올레나는 턱없이 부족한 의무병을 추가 모집하기 위해 잠시 키이우에 머물고 있었다. 해야 할 일이 산더미처럼 쌓여 있어서 인터뷰를 위해 최대 한 시간밖에는 낼 수 없다고 했다. 시간 절약을 위해 인터뷰는 의용군들의 임시 사무실에서 진행하기로 했다. 접선 장소는 인터뷰 당일 아침까지 비밀이었다. 자신들의 위치를 미리 말해주면 러시아 스파이들에게 정보가 새어 들어갈 위험이 있기 때문이라고 했다.

인터뷰 당일 아침, 올레나에게서 연락이 왔다. 오전 11시에 키이우 중심부에 위치한 성 미하일 황금 돔 수도원 광장에서 만나자는 내용이었다. 미리 도착해 광장을 둘러봤다. 광장 한가운데에는 러시아군의 탱크가 전리품처럼 놓여 있었다. 그리고 그 옆에는 망가진 녹색 자동차 한 대가 놓여 있었다. 자동차 보닛 위에는 '아이들'이라고 적힌 종이가 크게 붙어 있었고 사이드미러 쪽에는 하얀색 천이 묶여 있었다. "아이들이 타고 있으니

성 미하일 황금 돔 수도원 광장에
전리품처럼 놓여 있는 러시아군의 탱크.

공격하지 말아 달라"는 간절한 호소였을 것이다. 하지
만 차량 곳곳에는 총알이 뚫고 지나간 흔적이 선명했다.
차 안에는 옷과 물통, 접시 등의 집기가 그대로 남아 있
었다. 피란을 가는 중이었던 것 같았다.

　약속 시간이 되자 검정색 티셔츠 차림의 올레나가
나타났다. 하얗고 앳된 얼굴, 작고 아담한 체구에 평범
한 대학생 같은 외모였다. 우리는 간단히 악수를 나누고
빠르게 걸어 인터뷰 장소로 이동했다. 지금은 거처를 옮
겼지만, 당시 올레나와 동료들은 수도원 한쪽에 위치한
부속 건물을 자신들의 임시 사무실로 사용하고 있었다.

아이들이라는 글자가 적혀 있는 자동차.
차량 곳곳에 총알 자국이 선명하다.

　혼잡한 광장을 지나 수도원 안으로 들어서자 고요의
세계가 펼쳐졌다. 황금빛 돔이 한낮의 태양을 받아 은은
하게 빛나고 있었다. 수도자들은 차분한 걸음으로 그 주
변을 거닐었다. 이곳만큼은 전쟁의 포화가 빗겨나 있는
듯했다. 하지만 의용군들이 머무는 사무실 문을 열자마
자 모든 평온함은 사라지고 전쟁이라는 현실이 다시 들
이닥쳤다. 자욱한 먼지 사이로 의약품 상자들이 키보다
높게 쌓여 있었다. 응급처치 훈련에 사용되는 인체모형
들도 곳곳에 놓여 있었다. 아무것도 건드리지 않으려고
조심하며 안으로 들어가자 각종 서류들이 널브러져 있

는 탁자가 보였다. 그 서류들을 한쪽으로 치운 뒤 탁자에 둘러앉아 올레나와의 인터뷰를 시작했다.

"정말 많은 것들을 제 두 눈으로 목격했습니다. 다만 군인의 신분이기 때문에 임무 중에 보고 들은 것에 대해선 비밀을 지켜야 할 의무가 있습니다. 말하고 싶지만 말할 수 없는 것들이 너무나도 많죠. 딱 한 가지 기억만을 이야기하겠습니다. 돈바스 지역에서 총격전이 벌어지고 있었고 저는 저격수 바로 옆에서 대기하고 있었습니다. 그때 저격수가 저에게 망원경을 건네면서 반드시 봐야 할 것이 있다고 말했습니다. 망원경에 눈을 갖다 대자 러시아 병사 한 명이 보였죠. 그리고 그 병사 바로 옆에 어린아이를 안고 있는 한 우크라이나 여인이 있었습니다. 군인이 여자와 아이를 방패막이로 붙잡고 있던 겁니다. 인간이 인간에게 어떻게 이런 행동을 할 수 있을까요. 우리는 매일매일 거대한 폭력을 마주하며 살아갑니다.

세 달 전 절친한 동료였던 니콜라가 제 눈앞에서 목숨을 잃었습니다. 니콜라는 다른 이들을 살리기 위해 포화 속으로 뛰어 들어갔습니다. 그리고 결국 목숨을 잃고 말았죠. 그 모습이 선명합니다. 그의 시신을 옮기던 기억이 머릿속을 떠나지 않습니다.

그럼에도 불구하고 두려움과 맞설 수밖에 없습니다. 많은 이들이 두렵지 않느냐고 물어볼 때마다 저는 다른 선택지가 없다는 대답을 합니다. 이곳은 제가 나고 자란 땅입니다. 큰 도움이 되지 않더라도 제가 할 수 있는 모든 걸 다하는 게 당연하다고 생각합니다.

당신이 만약 스스로의 존엄을 지키기 위해 행동한다고 생각하면 그 순간 모든 두려움은 사라질 것입니다. 이건 단순히 의무에 관한 일은 아니라고 생

우크라이나 시인 올레나.

각합니다. 우크라이나인으로서 이 나라의 국민으로서 한 사람의 존엄을 지키는 것뿐입니다. 그런 행동이 누군가의 생명을 구할 수 있다면, 그 순간 두려움 같은 건 더 이상 걸림돌이 되지 않습니다."

올레나는 전쟁이 아닌 평화를 말하는 시를 쓸 날이 곧 찾아올 것이라고 말했다. 그리고 그때까지 자신이 있어야 할 곳은 최전선이라고 했다. 그녀의 앞날에 행운이 함께하길 빌며 짧은 인터뷰를 마무리했다.

×××

SNS에서 우연히 보게 된 한 사진 속에는 흙으로 엉망이 된 아스팔트 도로에 부서진 러시아군 탱크가 놓여 있다. 그리고 그 탱크 위로 앳된 얼굴의 우크라이나 고등학생들이 올라서 있다. 당당하게 편 그들의 가슴에는 졸업생임을 알리는 어깨띠가 둘러져 있다. 이 사진은 우크라이나 사진작가 스타니슬라우 세니크가 찍은 체르니히우 고등학생들의 졸업사진이다. 전쟁이 많은 것을 바꿔놓았지만 학생들의 마음까지는 꺾지 못했다는 걸 보여주는 듯하다.

사진작가 세니크가 찍은 우크라이나 고등학생들의 특별한 졸업사진.

이 사진을 찍을 당시 학생들은 어떤 생각을 하고 있었는지, 그리고 작가 본인은 어떤 마음으로 이 사진을 찍게 되었는지 궁금했다. 우크라이나 남부 지역에 머물며 전쟁을 고발할 수 있는 또 다른 작품을 구상 중이라는 세니크와 화상 통화로 짧게 대화를 나눴다.

"폐허에서 학생들을 만났습니다. 학생들이 살고 있는 체르니히우는 모든 것이 엉망이 된 상태였죠. 처음 만났을 때 학생들은 이미 베테랑 같았습니다. 많은 걸 겪은 얼굴이었죠. 누군가는 가족을, 누군가는 집을, 누군가는 친구를 잃어버렸다고 말했습니다. 몇몇 학생들은 스스로를 희생자라고 불렀습니다.

하지만 이런 상황이라고 비관만 하고 있지는 않았습니다. 촬영을 위해 오랜만에 만난 학생들은 서로의 안부를 물으며 대화를 시작했습니다. 대화는 점점 진지해졌습니다. 스스로 답을 찾아내려는 듯한 표정이었죠. 학생들은 함께 웃고 함께 슬퍼하며 앞으로 어떻게 살아가야 할지에 대해 이야기했습니다.

졸업사진 촬영은 학생들 한 명 한 명에게 무척이나 의미 있는 경험이 되었습니다. 물론 저에게도 그렇고요. 사진을 찍기 전 스스로를 희생자라고 생각했던 학생들이 이제는 스스로를 영웅이라고 생각하게 되었습니다. 이 사진을 통해 전 세계가 자신들의 이야기를 듣기 시작했고, 또 전 세계가 자신들을 응원하고 있다는 걸 알게 되었기 때문입니다. 그런 점에서 이 사진은 나름의 역사적 의미를 지니고 있습니다. 사진을 통해 나름의 방식으로 전쟁을 기억하고 또 나름의 방식으로 전쟁을 극복할 수 있을 거라고 생각합니다."

세니크는 한국 사람들에게도 이 사진을 널리 알려달라고 부탁했다. 그리고 아이들에게 응원의 메시지를 꼭 보내달라고 말했다. 그런 마음 하나하나가 모여 아이들이 무너지지 않고 계속 나아갈 수 있게 하는 힘이 되어주기 때문이다.

오토바이 소음 하나에 모든 게 멈추는 도시

전쟁의 한복판에서 엄살을 부리고 싶진 않았다. 하지만 취재를 해나갈수록 육체적 에너지와 정신적 에너지 모두 빠르게 바닥이 나고 있었다. 매일 밤 쓰러지듯 잠이 들었지만 이내 악몽으로 잠을 설치기 일쑤였다. 모처럼 깊은 잠에 드는 날이면 날카로운 경계경보가 단잠을 깨웠다. 부패한 시신의 악취, 불에 탄 건물, 유족의 울부짖음이 수시로 떠올랐다. 나 자신도 모르는 사이 트라우마를 겪는 중인 듯했다. 토요일 하루만큼은 취재 생각을 접어두고 온전한 휴식을 취하기로 한 이유다.

늦은 시간까지 잠을 잔 뒤 가벼운 복장으로 공원에 갔다. 우크라이나 날씨는 변덕이 심한 편이지만 이날만큼은 온종일 평온했다. 하늘은 투명했고 바람은 부드러웠다. 공원에는 북적일 정도는 아니어도 나들이를 나온 사람들이 제법 있었다. 모두들 편안한 얼굴이었다. 거리

폭격으로부터 보호하기 위해 모래주머니로 감싸놓은 동상.

에선 악사들이 악기를 연주하고 있었다. 모든 것이 아무 일도 없었던 것처럼 평화로워 보였다. 모래주머니로 감 싸놓은 동상을 제외하곤 전쟁의 흔적을 찾아보기 힘들 었다.

늦은 점심을 먹고 '드니프로강'을 찾았다. 키이우 한

가운데를 가로지르는 커다란 강이었다. 강변의 풍경은 주말의 한강 공원처럼 잔잔하기만 했다. 곳곳에 가족 단위로 산책을 하거나 반려견과 조깅하는 사람들이 눈에 띄었다. 강변을 따라 위치한 카페테라스에도 사람들이 가득했다. 사람들은 맥주나 와인을 마시며 편안한 얼굴로 대화를 나누고 있었다. 우리도 카페테라스에 자리를 잡고 앉았다. 강줄기를 타고 기분 좋은 바람이 불어왔다. 천천히 해가 지며 하늘이 주홍빛으로 물들어 갔다. 지극히 일상적인 여느 유럽의 오후 같았다.

거리의 악사.
음악 학원에서 악기를 가르쳐 왔지만
전쟁으로 일자리를 잃었다고 말했다.

키이우에선 우리 취재진만이 거의 유일한 동양인이었다. 낯선 얼굴이 신기했는지 옆자리에 앉아 있던 청년들이 말을 건넸다. 한국에서 온 취재진이라고 하자 "북한으로 인해 불안하지 않느냐"는 질문을 했다. 우크라이나에서 이런 질문을 들으니 어떻게 대답해야 할지 망설여졌다. 평소에는 아무런 불안감을 느끼지 못했지만, 이곳에 와서 생각해 보니 일종의 안전 불감증이 아닌가 하는 생각이 들었다. 결국 나는 "가끔 불안하긴 하지만 이제는 익숙해진 상태"라고 대답했다. 그리고 비슷한 질문을 던졌다. 이렇게 밖에 나와 있는 게 두렵진 않느냐고.

이들은 "불안하긴 하지만 그 불안과 맞서 싸울 수밖에 없다"고 말했다. 폭격이 두려워 언제까지고 숨거나 피해 있는 임시적인 상태로 지낼 수는 없다고 했다. 그렇기에 용기를 내어 평소처럼 먹고 마시고, 웃고 떠들기 위해 '노력'한다고 했다. 그것이 전쟁을 견뎌내고 또 전쟁이 낸 상처를 조금이라도 회복할 수 있는 방법이라고 믿었다. 나는 이들의 노력에 조금이라도 힘을 보태고 싶었다. 얼마 안 되는 돈이지만 먹고 있던 음식을 계산해 주고 싶다고 했다. 하지만 그들은 한사코 거절했다. 그저 몸 건강히 이곳에 머물며 우크라이나의 이야기를 전

유리대교 바로 앞에 설치된 대형 조형물. 소련 시절 지어진
이 조형물은 국가의 평화를 상징한다고 했다. 러시아의 침공이
시작된 뒤 우크라이나는 조형물 윗부분에 금이 간 표시를 해두었다.
우리가 산책을 했던 이 광장에는 며칠 뒤 미사일이 떨어졌다.

해달라고만 말했다.

해가 지면서 바람이 빠르게 차가워지기 시작했다.
통금이 시작되는 밤 11시까지는 아직 시간이 남아 있었
다. 모처럼 쉬기로 했으니 도시를 조금 더 산책하다 숙
소로 돌아가기로 했다. 옆자리 청년들과 인사를 나누고
카페테라스를 빠져나왔다. 바로 그 순간 하늘에서 굉음
이 들렸다.

대화와 웃음이 가득했던 거리가 순간 정적에 휩싸였

다. 러시아군의 전투기일까, 아니면 미사일일까. 모두가 심각한 표정으로 주위를 둘러봤다. 다행스럽게도 문제의 굉음은 고가도로를 내달리는 오토바이의 엔진 소리였다. 누군가는 고가도로를 향해 손가락질하며 소리를 질렀고, 누군가는 안도의 한숨을 내쉬었다. 유아차를 끌고 나온 젊은 부부들은 발걸음을 재촉하며 어디론가 사라졌다. 모두가 아무렇지 않은 척 웃고 뛰고 마시고 있었지만 사실 이곳에 아무렇지 않은 이들은 한 명도 없었던 것이다.

얼핏 평화로워 보이는 드니프로 강변.
고가 위로 오토바이가 지나가자 모든 이들의 표정이 갑자기 굳어졌다.

×××

키이우를 떠나기 전 마지막으로 맞이한 주말도 결코 평화롭지만은 못했다. 전쟁이 시작되기 전 키이우는 전 세계에서 다섯 손가락 안에 들 만큼 술 소비량이 많은 도시였다고 한다. 주말과 평일 가릴 것 없이 곳곳에서 술판이 벌어졌고 그만큼 음주로 인한 사건 사고도 빈번했다. 오후 11시부터 다음 날 오전까지 술 판매를 금지하는 법까지 만들어야 할 정도였다.

하지만 전쟁이 시작된 뒤 키이우에선 더 이상 술에 취해 비틀거리는 이들을 찾아볼 수 없었다. 통금 시간이라는 물리적인 요인도 있었지만 무엇보다 심리적 요인이 컸다. 전쟁으로 인한 스트레스와 불안감, 최전방에서 목숨을 걸고 싸우는 군인들에 대한 미안함 등이 맞물리며 사람들이 스스로 술을 자제토록 만든 것이다.

이런 분위기 속에서 취객 한 명이 등장했다. 이제 갓 스무 살이 된 듯한 아주 앳된 얼굴의 청년이었다. 그는 술에 잔뜩 취해 비틀거리며 넘어지고 일어서기를 반복했다. 한 중년 여성이 도움을 주려 다가갔지만 거칠게 손을 내저으며 소리를 질렀다.

서울에서 취객을 마주친다면 그냥 못 본 척 내 갈 길

밤 10시가 되면 키이우의 거리는 텅 비어버린다.

을 계속 갔을 것이다. 하지만 어째서인지 이 청년에게
선 눈을 뗄 수가 없었다. 그는 허공을 향해 주먹을 휘두
르기도 하고 지나다니는 사람들에게 크게 소리를 치기
도 했다. 그러다 한 가게로 비틀거리며 다가갔다. 가게
주인으로 보이는 남성이 문 앞에 나와 청년을 막아섰다.
두 사람 간에 실랑이가 벌어졌다. 알아들을 순 없었지
만 분위기로 봐선 서로 욕설을 주고받는 듯했다. 그렇게
1분 정도가 지났을까, 사이렌을 울리며 경찰차 한 대가
가게 앞에 도착했다. 건장한 체격의 경찰 두 명이 차에
서 내렸다. 그중 한 명의 손에는 탄창이 꽂힌 소총 한 자

루가 들려 있었다.

술에 취한 청년은 아직 상황 파악이 안 된 듯했다. 놀란 건 오히려 가게 주인이었다. 가게 주인은 손과 고개를 내저으며 경찰을 향해 다가갔다. '총까지 꺼낼 정도로 심각한 상황은 아님'을 말하려는 것 같았다. 하지만 경찰은 주인에게 비키라는 손짓을 하곤 청년 바로 앞까지 걸어갔다. 청년은 그제야 심각한 상황임을 알아챈 것 같았다. 경찰을 보자마자 경직된 자세로 그 자리에 멈춰 섰다. 그러고는 순순히 경찰차 안으로 따라 들어갔다. 쾅 하고 문이 닫힌 뒤 경찰차는 사라졌다. 그렇게 순식간에 모든 상황이 정리됐다.

술에 취해 난동을 부리던 청년의 행동을 옹호할 생각은 없다. 다만 술에 취하지 않고선 견디기 힘든 슬픔을 겪고 있는 건 아닐지, 어깨를 기댈 누군가가 더 이상 남아 있지 않은 건 아닐지, 그 행동이 나를 좀 도와달라는 처절한 절규는 아니었을지 하는 생각들이 스쳐 지나갔다. 아무런 저항도 없이 경찰차에 탄 청년의 뒷모습이 한동안 머릿속을 떠나지 않았다.

우크라이나에서의 마지막 날

어느새 우크라이나를 떠날 시간이 가까워졌다. 우크라이나에서의 마지막 날도 입국 첫날과 마찬가지로 르비우에서 보냈다. 우크라이나를 빠져나간 뒤에는 일주일간 폴란드에 머물며 피란민들의 삶을 집중 취재할 계획이었다. 보다 입체적인 취재를 위해 우크라이나 내 피란민들이 가장 많이 몰려 있는 지역인 르비우에서 마지막 하루를 보내기로 했다.

키이우에서 르비우까지는 차로 약 8시간 거리였다. 통금이 풀리자마자 출발한 덕분에 점심 시간이 조금 지나 르비우에 도착할 수 있었다. 입국 첫날 르비우의 평화로운 모습에 적잖이 당황한 기억이 있다. 하지만 이제는 그 평화 속에 가려진 슬픔이 또렷하게 느껴졌다.

호텔에 짐을 내려놓은 뒤 곧바로 피란민들이 생활하는 숙소를 찾아갔다. 체육관이나 학교에 머무르며 단체

취재 내내 타고 다녔던 차량.
짐으로 가득 차 금방이라도 멈춰 설 것처럼 보이지만
타이어가 한 번 터진 것 빼고는 다행히 아무 문제가 없었다.

생활을 해야만 했던 전쟁 초반과 비교했을 때 지금의 피
란민 숙소는 어느 정도 틀이 갖춰진 상태였다. 폴란드
정부가 원조 차원에서 제공한 컨테이너박스가 줄지어
설치돼 있었다. 그 안에는 2층 침대가 두 개씩 놓여 있
었고 자주 단전이 된다고는 하지만 콘센트도 마련돼 있
었다.

　가을까지는 별문제 없이 이곳에서 피란 생활을 이
어 갈 수 있을 것이다. 하지만 문제는 추워지는 겨울이
다. 12월이 되면 해는 짧아지고 바람은 강해진다. 지금

르비우 피란민 숙소에 홀로 앉아 있는 아이.

도 부족한 전기와 기름은 점점 더 귀해질 것이다. 어린
아이들이 눈에 들어왔다. 아직 걸음마조차 떼지 못한 채
유아차 안에 누워 있는 아기도 보였다. 과연 이 아이들
이 겨울을 잘 견뎌낼 수 있을까. 마음은 무겁지만 내가
해줄 수 있는 건 아무것도 없었다.

× × ×

출국 심사는 예상보다 오랜 시간이 걸렸다. 어림잡아 백
명 가까이 되는 사람들이 우크라이나를 빠져나가기 위

해 검문소 앞에 줄을 서 있었다. 우리 바로 앞에는 미국인 의용군으로 보이는 두 명의 덩치 큰 사내가 서 있었다. 30분이 지나도 줄은 좀처럼 짧아지지 않았다. 대기시간이 길어지자 미국인 의용군 한 명이 불평하기 시작했다. 자세히 들어보니 목이 너무 마르다는 이야기 같았다. 마침 내 가방에 500밀리리터짜리 물 두 병이 들어 있었다. 물을 꺼내 둘에게 건넸다. 이들은 "정말Really?"을 연발하며 앞으로 두 시간은 더 기다려야 할 것 같은데 이 물을 받아도 되냐고 물어봤다. 신경 쓰지 말고 편하게 마시라고 답해주었다. 이들은 말이 끝나기 무섭게 뚜껑을 열고 단숨에 물을 들이켰다. 3초도 안 돼 한 병을 깨끗하게 비웠다. "며칠 동안 물을 한 방울도 마시지 못했느냐"고 묻자 호탕하게 웃으며 전쟁터에 있다 보니 뭘 먹더라도 단숨에 먹는 게 습관이 됐다고 말했다.

의용군 중 한 명은 뉴욕에서, 또 다른 한 명은 애리조나에서 왔다고 했다. 각각 육군과 해병대에서 군 생활을 한 베테랑들이었다. 전쟁이 시작되자마자 우크라이나에 들어왔는데 정확한 위치를 말해줄 순 없지만 꽤 많은 전투를 치렀다고 말했다. 집에 돌아가면 가장 먼저 뭘 하고 싶냐고 물어보았다. 그러자 두 명 모두 아이들을 꼭 안아주고 싶다고 했다. 그거면 충분할 것 같다고 말했다.

　이들과 이런저런 이야기를 나누는 사이 앞쪽에 서 있던 우크라이나 남성 한 명이 손짓 발짓을 하며 우리에게 말을 걸었다. 열정적으로 무언가를 말하려는 듯했지만 도무지 한마디도 알아들을 수가 없었다. 이 남성은 영어를 못 했고 우리는 우크라이나어를 못 했기 때문이다. 우리가 어깨를 계속 으쓱거리자 답답했는지 남성은 다른 사람들을 향해 무언가 큰 소리로 외치기 시작했다. 그러자 조금 뒤에 인파를 뚫고 한 여성이 우리에게 다가왔다.

　그녀는 우리에게 서툴긴 하지만 또박또박 영어로 말을 건넸다. "여기서 줄을 서지 말고 맨 앞으로 가라"는 것이었다. 우리는 그럴 순 없다고 말했다. 그러자 그녀는 "당신들은 우리를 위해 이 땅에 와줬다. 우리 모두가 당신들이 빨리 나가길 바란다"고 말했다. 마치 영화처럼 사람들이 양옆으로 길을 비켜주며 우리를 향해 박수를 쳤다. 말은 통하지 않았지만 이들이 어떤 말을 하려는지 가슴으로 느낄 수 있었다. 그렇게 우리는 우크라이나를 빠져나왔다.

무기가 되어가는 사람들

오후 9시쯤 숙소가 위치한 폴란드 바르샤바 올드타운에 도착했다. 늦은 밤이지만 도심은 사람들로 북적였다. 사람들은 선선해진 밤공기를 즐기며 산책을 하거나 카페 테라스에서 맥주를 마셨다. 정적이 흐르는 키이우의 밤이 어느덧 익숙해져 있던 나에겐 너무나도 생경한 풍경이었다.

가벼운 복장으로 거리를 걸었다. 바르샤바의 거리에선 더 이상 우크라이나 전쟁을 떠올리기 힘들었다. 늦은 밤이기 때문에 더욱 그랬을 테지만 피켓을 든 시위대도, 우크라이나를 위한 모금함도 눈에 띄지 않았다. 무엇보다 나에게는 강한 연대감의 상징처럼 느껴졌던, 거리 곳곳에 내걸린 우크라이나 국기가 보이지 않았다. 30분을 걸은 뒤에야 바르샤바대학교 정문에 걸려 있는 우크라이나 국기를 처음으로 발견할 수 있었다.

지난 3월 폴란드에서의 기억은 강렬했다. 거리 곳곳에 우크라이나 국기가 걸려 있었고, 광장에는 거대한 피란민 공동 숙소가 세워져 있었다. 주말이면 많은 이들이 모여 반전 집회를 열고 우크라이나 국가를 목이 터져라 불렀다. 이 나라 전체가 우크라이나와 함께 싸우고 있다는 비장함이 곳곳에서 느껴졌다. 사람들에게선 우크라이나인들을 가족처럼 돌봐야 한다는 책임감과 따스함이 넘치도록 느껴졌다.

전쟁이 이어지며 무엇이 달라졌고 무엇이 그대로인지 궁금했다. 폴란드에 머무는 한 주 동안 우크라이나 전쟁, 그중에서도 피란민에 대한 인식 변화를 집중 취재하기로 했다. 나이와 성별, 직업이 다른 열 명의 폴란드 사람들을 익명으로 심층 인터뷰했다. 그들의 마음은 지금 어느 지점에 와 있는지 궁금했다.

직업이 변호사인 한 30대 여성은 피란민에 대한 애정과 불편함을 동시에 드러냈다. "생명의 위협을 피해 우리 나라로 온 이들을 도와주는 건 너무나도 당연하다고 생각합니다. 나 역시 우크라이나 여성 한 명을 개인적으로 돕고 있는데 그녀는 무척이나 친절하고 예의 바른 사람이에요"라고 말했다. 그러면서도 "몇몇 피란민들은 우리들의 호의를 당연한 권리처럼 여긴다"고 지적

했다. "대중교통을 무료로 이용하고 저렴한 비용으로 숙소를 이용하는 건 당연한 권리가 아닙니다. 몇몇 이들은 자신들이 처한 상황을 이용해 폴란드에 여러 가지를 요구하고 있습니다. 이런 것까지 모두 다 받아줄 순 없습니다."

가구 사업을 하는 30대 남성의 의견도 크게 다르지 않았다. "처음에는 모든 폴란드 사람들이 아무 조건 없이 난민을 받아들였습니다. 너무나도 당연한 일처럼 느껴졌고 그 생각에는 지금도 변함이 없습니다. 하지만 우리는 조금씩 한계에 다다르는 중입니다. 바르샤바와 크라쿠프 같은 대도시에는 너무나도 많은 피란민들이 몰려들었습니다. 도시 전체가 한계 상황에 놓여 있다는 걸 매 순간 느끼고 있죠. 이제는 어떤 방식으로 이들과 공존할 수 있을지를 진지하게 고민해 봐야 할 때라고 생각합니다."

대학에 다니는 20대 여성은 우크라이나 피란민들이 자신의 기회를 빼앗아 간다고 말했다. "난민들을 돕는 건 당연합니다. 사람이라면 당연히 해야 하는 일이죠. 하지만 그 방법은 어디까지나 합리적이어야 한다고 생각해요. 나 역시도 무척이나 어려운 가정환경 속에서 자랐고 지금도 하루하루 생계를 유지하는 게 버겁습니다.

하지만 우리 나라에 들어온 피란민들은 내가 받고 싶지만 받지 못하는 혜택을 너무나도 많이 누리고 있습니다. 폴란드어를 한마디도 못 해도 무작정 취업을 시켜주는 걸 자주 봤죠. 피란민에 대한 특별 대우는 곧 폴란드 국민에 대한 차별이 될 수밖에 없다고 생각합니다."

우크라이나 피란민에 대한 진심 어린 애정과 염려, 인간으로서의 도리를 다해야 한다는 성숙한 시민의식은 그대로였다. 하지만 선한 마음은 변치 않았더라도 이를 온전히 행동으로 이어간다는 건 또 다른 차원의 이야기다. 폴란드는 그동안 온 힘을 다해 우크라이나를 도와주었다. 국가의 비상 기금까지 동원해 숙소를 만들고, 일자리를 제공하고, 학교를 보내주었다. 전 국가적 차원의 손길이 이제는 조금씩 힘에 부치는 듯했다. 피로감을 호소하는 시민들이 조금씩 늘어갔다. 극소수이긴 하지만 SNS에는 우크라이나 피란민들을 원색적으로 비난하는 목소리도 나타나기 시작했다.

× × ×

폴란드에서 확인한 이러한 변화는 더 큰 혼란의 전주곡처럼 느껴졌다. 국제정치학 책에서 본 '난민의 무기화

Weaponization of Refugee'라는 개념이 떠올랐다. 이는 한 국가가 다른 특정 국가나 지역에 의도적으로 난민을 대량 유입시켜 여러 가지 정치사회적 혼란을 일으키는 공격 방식을 뜻한다. 이 개념을 처음 접했을 때, 살기 위해 고향을 떠날 수밖에 없는 이들을 만들어내 전쟁의 수단으로 활용한다는 발상 자체가 어떤 측면에서는 대량살상무기보다도 더욱 잔인하게 느껴졌다.

물론 지금 폴란드에서 벌어지고 있는 상황을 러시아가 의도한 것이라고 단정 지을 순 없다. 전쟁으로 인해 민간 영역에서 나타날 수밖에 없는 이른바 '부수적 피해'일지도 모른다. 다만 과거의 사례를 비추어 봤을 때 이 상황을 그대로 방치해선 안 된다는 점만큼은 명확해 보인다.

'난민의 무기화' 개념은 2015년 시리아 난민 사태를 통해 전 세계적인 조명을 받았다. 2016년 2월에 열렸던 미 의회 청문회에서 나토군 총사령관이었던 필립 브리들러브는 "시리아 내전 당시 러시아가 난민을 대량으로 양산하기 위해 의도적으로 민간인을 공격했다"고 주장했다. 이 같은 주장의 근거는 2015년 10월부터 본격적으로 시작된 러시아군의 개입이다. 러시아군은 테러리스트를 표적으로 한 공격만을 실시했다고 주장했지만 통계로 드러난 모습은 정반대였다. 러시아군의 공중폭격으로 2015년 9월부터 1년간 민간인 9500여 명이 숨졌다.[*] 의료 시설에 대한 공격은 207건으로 확인됐다.[**] 폭격이 거세질수록 난민의 숫자도 늘어났다. 2015년 한 해 동안 100만 명 넘는 시리아 난민들이 조국을 떠나 유럽으로 몰려왔다. 누군가는 보트를 타고 바다를 건넜고, 누군가는 두 발로 산과 들을 가로질렀다. 살아남기 위한 처절한 몸부림이었다.

쏟아져 들어오는 난민 앞에서 유럽은 먼저 서쪽과 동쪽으로 갈라졌다. 경제적으로 여유가 있는 서유럽 국가들은 인도주의적 차원에서 난민 수용을 적극 검토하겠다고 밝혔다. 하지만 헝가리와 폴란드, 체코 등 동유럽 국가들은 종교적 거부감, 경제적 부담 등을 이유로 난민 수용에 부정적인 태도를 보였다.

난민을 받아들인 국가에서는 예상치 못한 문제들이

---

[*]   Martin Armstrong, "People Killed By Russian Airstrikes In Syria", statista, 2016. 10. 20. https://www.statista.com/chart/6311/people-killed-by-russian-airstrikes-in-syria/ (검색일: 2023. 2. 10.)

[**]   SNHR, "Russian Forces Are Responsible for 43 Attacks on Medical Facilities in Northwest Syria Since the Sochi Agreement to Date, and 207 Since Their Military Intervention in September 2015", 2020. 4. 20. https://snhr.org/blog/2020/04/20/54889/ (검색일: 2023. 2. 10.)

터져 나왔다. 극우 정치세력의 등장이 대표적이다. 이들은 인종적·종교적 차이를 부각시키며 난민에 대한 혐오 감정을 부추겼다. 난민 수용에 따른 경제적 부담 그리고 낯선 이방인들에 대한 막연한 두려움을 지닌 시민들이 이들의 선동에 동요하기 시작했다.

독일의 극우 정당 독일을위한대안은 난민 사태를 기점으로 영향력을 빠르게 확대해 나갔다. 난민에 대한 혐오 감정을 부추기는 정치 구호를 주요 선거 전략으로 택했고, 난민에 반감을 가지고 있던 중도 성향 시민들이 이들의 주장에 호응하기 시작했다. 2013년에는 4.7퍼센트에 그쳤던 독일을위한대안의 득표율은 2016년 들어 치러진 주 의회 선거에서는 25퍼센트를 기록하며 크게 치솟았다. 오스트리아와 스웨덴의 상황도 비슷했다. 오스트리아의 극우 정당인 오스트리아자유당은 2017년 총선에서 26퍼센트의 득표율을 기록해 내무부와 국방부, 외무부 장관직을 차지했다.* 스웨덴의 극우 정당인 스웨덴민주당 역시 2010년 5.7퍼센트에 불과했던 득표

---

* Philip Oltermann, "Austria's far-right Freedom party invited to enter coalition talks", *The Guardian*, 2017. 10. 24. https://www.theguardian.com/world/2017/oct/24/austrias-far-right-freedom-party-invited-to-enter-coalition-talks-sebastian-kurz-ovp-fpo-europe (검색일: 2023. 2. 5.)

율이 2014년에는 12.9퍼센트까지 올랐다. 난민으로 인한 혼란이 정점에 달한 2015년에 실시한 여론조사에서는 20퍼센트의 지지율을 기록하기도 했다.

물론 우크라이나 난민 사태는 시리아 난민 사태와는 여러 측면에서 차이가 있다. 먼저 이들을 대하는 온도 차가 존재한다. 우크라이나 전쟁 초반, 모든 유럽 국가들은 너 나 할 것 없이 앞장서서 우크라이나 피란민을 도왔다. 시리아 난민 사태, 그리고 우크라이나 침공이 시작됐던 당시에도 여전히 폴란드와 벨라루스 국경에서 벌어지고 있던 난민 사태*를 대하던 것과는 너무나도 다른 태도였다. 이러한 온도 차로 인해 우크라이나 난민 사태가 오히려 유럽의 결속을 끈끈하게 만들고 있다는 평가가 나오는 한편 인종차별 논란이 불거지기도 했다. 시리아와 아프가니스탄, 이라크 등 중동 지역에서 온 난민들에게는 배타적이기만 했던 유럽 국가들이 같은 유럽권에 속해 있는 백인들인 우크라이나 피란민들

---

* 2021년 여름경, 벨라루스에 입국한 중동 지역 출신 난민 수천 명이 유럽연합 국가로 건너가기 위해 벨라루스와 접한 폴란드 국경으로 몰리면서 시작된 사태를 가리킨다. 폴란드 국경수비대가 국경을 넘으려는 난민들을 저지하기 위해 물대포와 최루탄 등을 사용하면서 갈등이 고조되었다. 유럽연합은 이 사태를 벨라루스가 러시아를 배후에 두고 유럽연합 회원국 간 분열을 조장하기 위해 의도적으로 벌인 '난민의 무기화' 공격으로 보고 있다.

은 우호적으로 받아들였기 때문이다.

하지만 앞서 보았듯 열렬한 환대는 시간이 지날수록 식어가고 있다. 그리고 전쟁의 양상을 살펴볼 때 우크라이나 난민의 숫자는 계속해서 늘어날 수밖에 없어 보인다. 러시아는 군사시설에 대해서만 공격을 해왔다고 주장하지만, 군사적 용도와 무관한 민간인 거주 시설의 폭격 피해가 우크라이나 전역에서 수차례 목격되고 있다. 내가 직접 가서 본 키이우와 이르핀, 부차뿐 아니라 하르키우, 오데사, 마리우폴 등 우크라이나 전역에서 민간인들에 대한 공격이 이어지고 있는 중이다. 이러한 상황이 계속될수록 난민의 숫자 역시 늘어날 수밖에 없다.

전쟁이 시작되고 7개월간 폴란드는 우크라이나 난민들을 위해 83억 유로라는 천문학적인 액수의 지원금을 사용했다. 지원금의 3분의 1가량은 시민들의 자발적인 모금으로 충당됐다.* 하지만 예상보다 길어지는 전쟁에 부담은 점차 커지고 있는 상황이다. 모든 지원을 무료로 해오던 폴란드 정부는 전쟁이 시작된 지 1년이

＊ Karen Hargrave, Kseniya HOMEL and Lenka DRAŽANOVÁ, "Public narratives and attitudes towards refugees and other migrants: Poland country profile", *ODI*, 2023. 1. 5. https://odi.org/en/publications/public-narratives-and-attitudes-towards-refugees-and-other-migrants-poland-country-profile/ (검색일: 2023. 5. 4.)

지난 2023년 3월부터는 난민들에게 숙박비의 절반을 청구하기로 결정했다.* 미국의 정책 연구소인 브루킹스연구소Brookings Institution의 보고서에 따르면 폴란드뿐 아니라 독일 등 다른 국가에서도 난민 수용에 대한 부담감이 갈수록 높아지고 있다. 경제적 부담이 커질수록 문화적·사회적 충돌의 빈도수도 보다 빠르게 늘어날 수밖에 없을 것이다.

'난민의 무기화'를 비롯해 난민을 둘러싼 여러 문제들은 국가 대 국가 관계에서 일어나는 정치의 일환이기에 여기에는 난민 개개인이 경험해야 하는 실제적 고통이 전혀 고려되지 않는다. 민간인 거주 지역을 파괴하며 난민의 수를 늘리고 있는 러시아, 이에 속수무책인 우크라이나 그리고 우크라이나 난민에게 배타적인 태도를 취하기 시작한 유럽 국가들. 이처럼 난민이 무기가 되어가는 지금의 흐름 속에서 가장 취약하게 내몰릴 수밖에 없는 건 결국 또다시 난민들인 것이다.

인류학자 김현경은 사람이 사람이기 위해서는 '자

---

* Aleksandra Krzysztoszek, "Poland cuts funding for Ukrainian refugees by half", *EURACTIV*, 2023. 3. 9. https://www.euractiv.com/section/politics/news/poland-cuts-funding-for-ukrainian-refugees-by-half/ (검색일: 2023. 5. 4.)

리/장소'를 가져야 한다고 말한다. 환대에 의해 사회 공동체 안으로 들어가 자기 자리를 갖는 존재가 곧 사람이다.* 하루아침에 살던 곳에서 쫓겨나고 다른 공동체의 환대조차 기대할 수 없게 된 난민들은 사람의 자격을 박탈당한 채 예외 상태의 존재가 된다. 이탈리아의 철학자 조르조 아감벤은 이처럼 경계 바깥으로 밀려난 예외 상태의 존재를 '벌거벗은 생명'이자 '호모 사케르Homo Sacer'라고 정의한 바 있다.** 호모 사케르의 대표적인 예 중 하나는 제2차 세계대전 당시 아우슈비츠에서 스러져간 유대인들이다. 당시 유대인들은 사람으로 여겨지지 않았기에 죽거나 죽여도 되는 존재로 간주되었다. 지금 국제사회가 난민을 대하는 시선이 이와 크게 다르다고 할 수 있을까? 국가적 차원의 이해관계는 난민을 사물화하고 그들의 죽음을 쉽게 용인해 버린다. 그렇기에 그들을 수단으로 이용할 생각을 하거나 그냥 거기 벌거벗은 그 상태로 내버려 둘 수 있는 것이다. 그러나 세상에 함부로 대해도 괜찮은 삶이 어디에 있단 말인가.

---

*   김현경, 『사람, 장소, 환대』, 문학과지성사, 2015, 26쪽.

**   조르조 아감벤, 『호모 사케르』, 박진우 옮김, 새물결, 2008, 45쪽.

나가며

우크라이나에서 돌아온 지 두 달이 지났을 무렵, 어느 토요일 아침에 문자메시지 알람이 울렸다. 발신자 합동참모본부, 발신 시각 오전 6시 49분. '북, 동해상으로 미상 탄도미사일 발사'라는 짤막한 문장 하나가 적혀 있었다. 3년여간 외교안보 분야를 취재하며 수시로 받아온 알람이다. 놀랍다거나 두렵다는 생각이 든 적은 없었다. 미사일은 대부분 동해나 서해 먼바다에 떨어진다. 알람을 확인한 후 자동반사적으로 출근 준비를 시작한다. 차에 올라타 시동을 걸고 라디오를 켠다. 광화문 광장과 서울역을 차례로 지나 국방부에 도착하면 당국자에게 설명을 듣고 이를 바탕으로 기사를 쓴다. 수십 번 반복해 온 패턴이다.

이날도 평소와 다를 건 하나도 없었다. 문자를 확인하자마자 출근 준비를 마치고 집을 나섰다. 평소처럼 광화문 광장 한가운데에서 신호가 바뀌어 빨간불이 켜졌다. 차의 브레이크를 밟고 창문을 살짝 내렸다. 창틈 사이로 선선한 바람이 들어왔다. 사람들은 가벼운 옷차림으로 조깅을 했다. 동해로 날아간 미사일이 바꿔놓은 건 하나도 없었다. 평소라면 "주말 아침에 나만 또 생고생이네"라고 투덜거렸을 것이다. 하지만 이날의 기분은 조금 달랐다. 광화문 광장 위로 우크라이나의 모습이 겹쳐졌다. 그곳의 광장에는 전사한 군인을 기리는 조화가 수북이 쌓여 있었고, 거리를 지나는 이들의 얼굴에는 근심과 슬픔이 가득했다. 공습경보가 수시로 울릴 때마다 사람들은 하얗게 질린 얼굴로 대피소로 이동했다. 모든 이들이 입을 모아 말했다. "이런 일이 일어나리라곤 상상조차 못 했다"고. '만약에'로 시작하는 물음이 머릿속에 연달아 떠올랐다. 만약 미사일이 동쪽이 아닌 남쪽을 향했다면? 만약 미사일에 핵무기가 실려 있었다면? 만약 이 미사일이 전쟁의 신호탄이라면?

뒤차의 경적 소리에 정신이 돌아왔다. 다시 액셀을 밟고 차를 몰았다. 평소에는 눈길조차 주지 않았던 광화문 광장의 현수막들이 이날만큼은 눈에 들어왔다. 모두가 전쟁을 잊은 듯 보이는 대한민국에서 광장의 현수막만큼은 목이 터져라 전쟁을 외치고 있었다. 다만 이 외침은 전쟁을 막기 위한 게 아니었다. 전쟁의 공포감을 조장해 이득을 보려는 과격하고 폭력적인 이념의 언어들이었다. 이제 전쟁을 이야기하는 사람들은 현수막 속

글귀처럼 이념의 틀로 세상을 바라보고 가르는 이들뿐이다. 하루하루를 바쁘고 치열하게 살아가는 보통의 사람들에게 전쟁은 점점 듣기 싫은 이야기 또는 잊힌 이야기가 되어가고 있었다.

우리나라에도 당장 전쟁이 일어날 수 있으니 우리모두 정신을 차려야 한다고 말하고 싶은 것은 결코 아니다. 전쟁을 막기 위해서 어떻게 행동해야 하는지에 대해말하고 싶은 것 역시 아니다. 이 책은 그저 우리가 잊어버린, 또는 정치적 수단으로 변질되어 버린 전쟁이 실제로는 어떠한지에 대한 기록이다. 21세기에 전쟁은 어떤모습으로 일어나는지, 그렇게 일어난 전쟁이 평범한 사람들의 삶을 어떻게 무너뜨리는지에 대한 기록이다. 이를 통해 전쟁이라는 단어를 무책임하게 이념의 수단으로 이용해도 되는 것인지, 전쟁이라는 걸 정말 잊고 살아도 괜찮은지를 묻고 싶었다.

우크라이나 전쟁이 시작된 지도 500일이 넘었다. 유엔 집계에 따르면 전쟁 1년 6개월 만에 우크라이나 안에서 1만 명이 넘는 민간인이 숨졌다. 그중 500여 명이 어린아이다. 단, 교전이 진행 중인 지역은 정확한 집계가불가능하다는 단서가 붙었다. 우크라이나를 떠난 피란민의 수는 2023년 1월 17일 기준으로 494만 57명이다.

고문, 강간 등 우크라이나 정부가 기록한 러시아군의 전쟁범죄는 5만 건에 이르렀다. 상상과 상식의 범주를 무자비하게 뛰어넘은 이 숫자는 전쟁이 진행 중인 지금도 계속 늘어나고 있다.

숫자 자체도 놀랍지만 그것이 말해주지 못하는 고통도 산재한다. 일본의 소설가 히라노 게이치로는 "한 사람을 죽이는 행위는 그 사람의 주변, 나아가 그 주변으로 무한히 뻗어가는 분인끼리의 연결을 파괴하는 짓"이라고 말했다.* 우크라이나 전쟁이 만들어낸 슬픔과 절망이 통계로 기록된 숫자를 몇 곱절 뛰어넘을 수밖에 없는 이유다.

죽은 자의 다른 편엔 언제나 살아남은 자가 있다. 전쟁으로 만들어진 무한한 슬픔과 절망이 이야기의 끝이 아닌 시작이 되는 이들이 있는 것이다. 누군가는 슬픔으로 무너지고, 누군가는 그럼에도 불구하고 살아가려 애를 쓴다. 누군가는 도움의 손길을 내밀고 또 다른 누군가는 이들의 절망을 이용하려 든다. 이 모든 뒤엉킴이 보통의 사람들이 마주하는 전쟁의 얼굴일 것이다.

---

*　히라노 게이치로, 『나란 무엇인가』, 이영미 옮김, 21세기북스, 2021, 194쪽; 신형철, 『인생의 역사』, 난다, 2022, 132쪽에서 재인용.

날카로운 공습경보와 기관총을 장전하는 소리만으로는 그런 뒤엉킴을 충분히 전할 수 없다고 느꼈다. 모두가 커튼을 치고 숨죽인 채 아침을 기다리는 밤, 그 밤을 짓누르는 무거운 정적, 병사의 관 위로 흙이 떨어지며 만들어내는 건조한 울림, 국경 앞에서 딸과 작별 인사를 나누며 애써 짓는 엄마의 웃음, 그리고 바리케이드를 만들기 위해 뜨거운 철을 내리치는 조각가의 망치질과 칼바람을 맞으며 난민들에게 구호 물품을 나눠주는 자원봉사자들의 외침까지. 어쩌면 역사에는 기록되지 않을 그 모습들 하나하나가 '전쟁이란 무엇인가?'에 대한 가장 명징한 대답처럼 느껴졌다. 그곳에서 만난 이들의 표정 하나하나, 목소리의 미세한 떨림, 인터뷰 중간중간 찾아오는 침묵을 가능한 한 있는 그대로 담아내고 싶었던 이유다.

앞서 밝혔듯 이 글은 전쟁을 어떻게 막아야 하는가 또는 전쟁은 왜 일어나는가에 대한 분석은 아니다. 그저 '전쟁터에 있는 사람들은 무엇을 보고 무엇을 듣고 무엇을 느끼는가'를 남기고자 애쓴 기록이다. 전쟁도 언젠가는 끝이 날 것이다. 전쟁이 끝나면 이론적 틀을 바탕으로 전쟁의 원인이 분석될 것이며, 시간이 더 흐르면 이념적 잣대로 전쟁이 재단될 것이다. 나는 국가 차원의 거대한 이념과 이론의 틀 안에 담기지 않을 여러 목소리들, 시간이 지나면 희미해져 버릴 여러 얼굴들을 기록하려 했다.

옛 소련의 문예학자 미하엘 바흐친은 자신만의 문학 이론을 전개하며 '다성성多聲性'이라는 개념을 제시한 바 있다. '다성성'이란 하나의 사건을 둘러싸고 공존하는 여러 목소리를 의미한다. 이 복수의 목소리들은 동일한 것에 대해 말하고 있으면서도 이를 각각 다르게 표현하고 다르게 진술함으로써 사건의 의미를 하나로 단정 짓지 않고 계속 열려 있는 상태로 만든다.* 전쟁터에서 만난 사람들의 목소리를 글로 옮기며 이 목소리들이 바로 그런 역할을 할 수 있었으면 좋겠다는 생각을 했다. '우크라이나 전쟁'이라는 단일한 명명 안으로 간단하게 흡수될 수 없는 그들 각자의 이야기가 독자들에게 가닿을 수 있었으면 하는 바람이다.

직접 보고 들은 장면 외에는 대부분의 내용을 인터뷰이의 기억에 의존했다. 거대한 충격 앞에서 어떤 장면은 확대되고 어떤 기억은 축소됐을 것이다. 인터뷰 녹음 파일을 들으며 그들의 말을 풀어나갈 때면 중간중간 논

---

*　오정분, 「축제와 문학: 바흐친의 문학이론」, 경희대학교 석사학위논문, 2001, 60쪽.

리적으로 맞지 않는 부분이 더러 나타나곤 했다. 누군가는 인터뷰의 처음과 끝에 정반대되는 이야기를 했고, 누군가는 언론 등을 통해 수차례 알려진 내용과는 전혀 다른 증언을 했다. 이런 차이들도 웬만해선 손대지 않고 그대로 두고자 했다. 이러한 뒤틀림 역시 전쟁이 만들어낸 하나의 장면이라 생각했기 때문이다.

책을 서술하며 필연적으로 내가 머물고 있는 한국의 모습을 계속해서 돌아볼 수밖에 없었다. 내가 배워온 전쟁의 모습은 대부분 이념이라는 잣대로 재단된 형태였다. 이념에 따라 똑같은 모습도 전혀 다른 형태로 해석됐고, 어떤 장면들은 애당초 존재하지 않았던 모습이 되어버리기도 했다. 전쟁은 마치 두 가지 시각 중 하나를 선택해서 바라봐야만 하는 무엇인가가 되어 있었다. 내가 이 책을 통해 감히 말하고자 하는 건 전쟁은 그렇게 단순하게 재단할 수 있는 사건이 아니라는 점이다. 만일 백 명의 사람이 전쟁을 경험했다면 그들 각자가 경험한 전쟁의 모습은 제각각일 것이기에 거기에는 백 개의 전쟁이 있는 것이나 다름없다. 그리고 그 각각의 전쟁을 하나하나 조심스럽게 들여다보았을 때 전쟁이라는 단어가 품고 있는 거대한 슬픔과 절망의 크기를 간접적으로나마 가늠할 수 있으리라 생각한다. 우크라이나 전쟁

을 흑백논리로 규정짓지 않고 다채로운 의미의 지평 너
머로 열어 기억하는 데 이 책이 작은 보탬이 되기를 바
란다.

감사의 말

먼저 우크라이나 취재를 함께해 준 김재식 기자와 이완근 기자, 현지 코디를 맡아준 세르게이(본명은 세르히 안드루샤크Сергій Андрущак다)에게 진심 어린 감사의 말씀을 드린다. 출장 기간 내내 가슴 졸이며 응원해 준 아내에게 미안함과 고마움을 표한다. 아내가 없었다면 이 기록들은 수첩 안에만 머물러 있었을 것이다. 출판을 결정해 준 갈라파고스 출판사와 서투른 원고를 정성스럽고 꼼꼼하게 다듬어준 김현지 편집자님, 그리고 연희관을 거닐며 고민을 나눠준 오랜 벗 조문희 기자에게도 고마움을 전한다. 마지막으로 아버지, 어머니, 형에게 온 마음을 담아 사랑한다는 말을 전하고 싶다.

우크라이나에서 만난 모든 이들의 삶에 희망과 용기, 축복이 가득하기를 빈다.

추천사

인류사를 통틀어 지구상에 완전히 전쟁이 없던 날이 단 3일이라고 했던가. 그 3일마저도 지금의 우리 세대와는 상관이 없으니, 우리는 늘 어디선가 전쟁이 계속되는 삶을 살아왔다. 전쟁의 일상성은 그래서 역설적으로 전쟁을 잊게 만드는지도 모른다. 전쟁을 취재하는 기자는 그 '일상성'에 의한 '역설'에 도전한다. 김민관의 책은 이를 위한 '감성'과 '디테일'로 가득 차 있다.

나는 그가 다녀온 곳을 반년쯤 뒤에 다시 갈 기회가 있었다. 메디카 검문소, 르비우, 프셰미실 등의 이름들이 그래서 낯설지 않다. 물론 그에 비하면 나는 지극히 짧은 시간 동안 그곳에 머물렀기 때문에 내가 감히 그의 '감성'과 '디테일'을 흉내 낼 수는 없다. 다만 우크라이나를 떠나는 날 메디카 검문소를 거쳐 폴란드에 들어섰을 때, 밤하늘에 불던 횅한 바람에 느꼈던 그 형언할 수 없는 기분은 그가 느꼈을 그것과 크게 다르진 않았을 것 같다.

— 손석희(언론인)

전쟁이 말하지 않는 전쟁들

우크라이나 전쟁의 뒷면, 흑백논리로 재단될 수 없는 슬픔과 고통에 관하여

1판 1쇄 인쇄 2023년 11월 15일

1판 1쇄 발행 2023년 11월 22일

지은이 김민관

책임편집 김현지 | 편집부 김지하 | 표지 디자인 손주영

펴낸이 임병삼 | 펴낸곳 갈라파고스

등록 2002년 10월 29일 제2003-000147호

주소 03938 서울시 마포구 월드컵로 196 대명비첸시티오피스텔 801호

전화 02-3142-3797 | 전송 02-3142-2408

전자우편 books.galapagos@gmail.com

ISBN 979-11-93482-02-5 (03300)

이 도서는 한국출판문화산업진흥원의 '2023년 중소출판사 출판콘텐츠 창작 지원 사업'의 일환으로 국민체육진흥기금을 지원받아 제작되었습니다.

갈라파고스 자연과 인간, 인간과 인간의 공존을 희망하며, 함께 읽으면 좋은 책들을 만듭니다.